PARIS. — TYPOGRAPHIE A.-M. BEAUDELOT

16, RUE DE VERNEUIL, 16

8° Q.

L'IMPRIMERIE

EN EUROPE

AUX XVᵉ ET XVIᵉ SIÈCLES

LÉON DEGEORGE

———

L'IMPRIMERIE

EN EUROPE

AUX XVe ET XVIe SIÈCLES

———

LES PREMIÈRES PRODUCTIONS TYPOGRAPHIQUES

ET LES PREMIERS IMPRIMEURS

PARIS

EM. PAUL, L. HUARD ET GUILLEMIN

Libraires de la Bibliothèque Nationale

28, RUE DES BONS-ENFANTS, 28

—

1892

En dehors de l'intérêt que présente cet opuscule à tous ceux qui s'intéressent aux débuts de l'imprimerie, il offre une particularité curieuse qui réside dans sa confection même.

Depuis plus de quatre siècles la composition typographique a toujours été exécutée à la main. Ce qui faisait dire souvent à ceux qui ont discouru des choses de l'imprimerie que la typographie, en ce qui concerne spécialement la composition, était restée dans les limites que lui avaient assignées Gutenberg, Fust et Schœffer.

Il était réservé au XIXᵉ siècle — et les tentatives premières qui remontent presque au début de ce siècle se sont formulées plus nettement et ont abouti à de sérieux résultats dans ces vingt dernières années — de donner une formule nouvelle à la composition typographique.

Jusqu'à cette heure le progrès le plus réel qui ait été réalisé dans la composition mécanique semble dû à la Linotype (machine qui compose, espace, justifie, fond et distribue), dont l'idée première appartient à James C. Cléphane, typographe à Washington et qui a été perfectionnée à la suite d'incessantes et patientes recherches par Mergenthaler.

La Linotype, véritable merveille de mécanisme, est appelée dans un prochain avenir à prendre dans l'imprimerie la place importante que lui assignent, dans notre siècle de vapeur et d'électricité, la rapidité de travail qu'elle donne et l'économie de temps et d'argent qu'elle permet de réaliser.

L'Imprimerie en Europe aux XVe et XVIe siècles a été, sauf les premières pages, entièrement composé par la Linotype, et la composition a été exécutée par un seul ouvrier en une journée de 10 heures.

C'est l'un des premiers travaux qui aient été exécutés en France, à l'aide de la Linotype. Les imperfections matérielles qu'on pourra rencontrer dans cet ouvrage sont insépara-

bles des premiers essais. Mais déjà les résultats s'améliorent et sont de nature à satis-
faire les esprits les plus rebelles.

En publiant ces notes chronologiques, nous
devions au lecteur quelques éclaircissements
sur la confection matérielle du volume et dé-
gager ce point spécial : qu'un ouvrage relatant
les labeurs accomplis patiemment et péoible-
ment par la main des ancêtres typographiques,
il y a quatre siècles et plus, est aujourd'hui
mis à jour presque automatiquement, grâce
aux combinaisons ingénieuses et multiples
d'une machine à composer.

AVANT-PROPOS

Le relevé chronologique des premières productions de la typographie en Europe et des
noms des imprimeurs qui, les premiers, ont'
exercé l'art d'imprimer depuis Gutenberg
(xve siècle) jusqu'à la fin du xvie siècle, nous
semble devoir offrir quelqu'intérêt aux érudits
et aux amateurs bibliographes.

Des monographies spéciales à certains pays
ont été publiées et contiennent des indications
plus ou moins étendues sur les origines de
l'imprimerie dans telle ou telle partie de l'Europe, dans telle ou telle ville.

Mais nous ne pensons pas qu'un travail
d'ensemble présentant les noms des premiers
typographes en Europe et les titres des premiers ouvrages qui virent le jour du xve au
xvie siècle ait été publié jusqu'ici.

Nous aidant des renseignements divers empruntés aux historiens de l'imprimerie, aux bibliographes, aux manuels et catalogues les plus complets, nous avons dressé un relevé aussi précis que possible, nous attachant à la reproduction fidèle des titres des ouvrages, dans leur orthographie souvent bizarre, complétant ces indications sommaires par des notes intéressantes touchant l'histoire de l'imprimerie.

Nous souhaitons que l'aridité apparente de ce travail qui nous a demandé de patientes recherches soit excusée et que ce modeste essai soit accueilli avec une indulgente faveur.

L. D.

ALLEMAGNE

BAVIÈRE, DUCHÉ DE BADE, SAXE, ETC.

AIX-LA-CHAPELLE, 1591.

C'est à cette date que l'on peut faire remonter l'introduction de l'imprimerie dans cette ville. L'un des premiers imprimeurs s'appelait Johann Schwuartzenbach, qui aurait donné ses soins à un ouvrage de Jacobus Hovthusivs, d'Anvers: « Exemplaria sive formulæ sciptura ornatieris XXXV ».

ALTENBURG (Saxe), 1524.

Le premier nom d'imprimeur que l'on rencontre est celui de Gab. Kantz, qui aurait mis au jour, à la date ci-dessus, un opuscule religieux. Cependant on attribue à Altenburg la publication, en 1522, d'un pamphlet célèbre de Luther.

1

AMBERG (Bavière), 1591.

Michael Forster est le premier imprimeur de cette ville qui fit paraître à cette
date: « Georg. Spindlers Auslegung uber
das 17 car. S. Johannis », porté par
erreur en 1571.

AUGSBOURG, 1468.

Cinquième ville d'Allemagne qui ait
produit des impressions avec date certaine. Son premier typographe fut Günther Zainer ou Zeyner de Reutlingen,
qui vraisemblablement sortait des ateliers de Fust et Schœffer. C'est à lui que
l'on doit l'introduction et l'emploi en
Allemagne des caractères romains. Le
premier livre imprimé est: « Meditatio-
nes Bonaventuræ ».

BADEN (Grand-Duché), 1511.

C'est à cette date que l'imprimeur René
Beck, fuyant la peste de Strasbourg, se
réfugia à Baden et y publia « Der Mar-
graffschafft Baden Statuten und Orde-
nungen in Testamenten, etc. »

BAMBERG, 1461.

Bamberg a l'honneur d'être le second berceau de l'imprimerie. Quatre années seulement le séparent de Mayence. Le premier imprimeur de Bamberg est Albrecht .Pfister, auquel on attribue la « Bible de 36 lignes »; mais les premières impressions datées et portant son nom sont: « le Joyau de Bonner (1461) » et le « Livre des quatre Histoires (1462) »

BAUTZEN, 1556.

Le premier imprimeur de Bautzen est Nicolas Wolrub et le titre du premier livre qu'il ait imprimé est: « Chronica und antiquitates des Alten Kayserlichen Stiffts (1556) ». Son fils, qui lui succéda en 1580, exerçait encore en 1603 sous le nom de Michael.

BERLIN, 1540.

Le Dr Cotton dit que l'imprimerie fut établie en cette ville en 1539, mais ce n'est que l'année suivante qu'on trouve un livre de George Wicelius, imprimé par Johan Weis (avec musique notée).

BRÊME, 1562.

La première édition d'un des plus rares volumes du célèbre dissident Francowitz fut la « Disputatio de originali peccato et libero arbitrio », etc. Les premiers imprimeurs de Brême sont Arnoldus Wenzel et Bernhardus Petri.

COLOGNE, 1466.

La ville de Mayence ayant été saccagée par les reîtres d'Adolphe de Nassau, une partie des typographes qui travaillaient dans les ateliers de Gutenberg et de Schœffer cherchèrent des villes plus tranquilles et gagnèrent même l'étranger. Ulrich Zell, probablement de l'atelier de Schœffer, vint à Cologne et imprima un « Jean Chrysostôme » et les « Offices » de Cicéron, en 1466. C'est en 1467 qu'Ulrich Zell imprima pour Philippe le Bon: « Recueil des Histoires de Troyes », le premier livre imprimé en français.

CONSTANCE, 1505.

C. Crispvs Salvstivs. « De Conjura-
tione L. Ser. Catilinæ » est le premier
livre imprimé à Constance par Jehan
Schæffeler, bien que Maittaire ait indi-
qué un opuscule de Florius: « De duo-
bus amantibus, Camilli et Emilie, » publié en 1489.

DANTZICK, 1578.

Le « Catalogue des foires de Francfort » de 1592 donne le titre suivant
d'un ouvrage imprimé en 1578: « Valen-
tini Schrechii hexasticorum et Hymno-
rum, » etc. Le seul nom de typographe
qu'on relève jusqu'à 1782 est Jacobus
Rhodus. A cette date parut un ouvrage
sur la défaite des Russes par les Polonais, dont l'exécution typographique est
remarquable.

DEUX-PONTS, 1596.

C'est à cette date que parut en cette
ville, d'après le Catalogue des livres imprimés de l'an 1593 à 1600, un ouvrage

de Jehan Schwaebelius, imprimé 'par Ludwig Kög, dont le père, Peter König, fut imprimeur à Munich. C'est d'une imprimerie de cette ville que sortit, au XVIIIe siècle, la très belle collection de classiques latins connue sous le nom de « Collection de Deux-Ponts ».

DRESDE, 1520.

Jérôme Emser, célèbre adversaire de Luther, paraît être le promoteur de la typographie dans la capitale de la Saxe, et le premier typographe est Wolffgang Flöckel. Le titre du premier ouvrage imprimé est: « Hier. Emsers bedingung auff Luters ersten widerspruch ».

DUISBURG, 1585.

Le géographe Gerhard Mercator de Rupelmonde, qui avait fait imprimer ses premiers ouvrages à Anvers, à Cologne et à Bâle, confia, à partir de cette date, tous ses ouvrages à un imprimeur qu'il avait décidé à venir s'établir à Duisburg.

« Gallilæ tabulæ geographicæ » est le premier ouvrage imprimé. On ignore le nom de l'imprimeur.

DURLACH, 1512.

L'imprimerie a été introduite dans cette ville par le moine Nicolas Keibs, qui imprima: « Passio Christi ab. Udalricho Vannio metrice exarata ». En 1530, on rencontre un imprimeur du nom de Valentin Kobian, et. plus tard, Simon Muller, dont les presses eurent quelque importance.

DUSSELDORF, 1561.

« Desiderii Erasmi Rotersdami adagiorum Chiliades quator » est le titre du premier ouvrage imprimé dans cette ville, mais on ne retrouve qu'en 1575 le nom d'un imprimeur, Albertus Dusius

ELBING, 1563.

Georges Ranis est l'auteur d'une Chronique racontant les hauts faits des grands maîtres de l'ordre Teutonique, la pre-

mière qui ait été publiée: « Ordinis Teu-
tonici chronicon.» Elle porte |la date
ci-dessus et mentionne qu'elle a été imprimée « apud. Wolg. Dietmarum typo-
grabhum ».

ELFELD, 1467.

Une des six premières villes qui aient
bénéficié de l'introduction de l'imprimerie. Nicolas et Henri Bechtermuncze
furent les chefs d'un établissement typographique dont les produits peuvent
rivaliser avec ceux des imprimeries plus
illustres de Bamberg, de Mayence et de
Cologne. Le premier livre imprimé par
eux fut le fameux « Vocabularium EX
QUO », trois fois réimprimé. On prétend
que les caractères de cet ouvrage
venaient de Gutenberg.

EMDEN, 1528.

On trouve à cette date l'indication d'un
livre très rare: « Georgii Apostani Liber
de S. Cœna. » Pas de nom d'imprimeur.
Un grand nombre de Bibles protestan-
tes furent publiées dans cette ville au

XVIᵉ siècle; la plus ancienne remonte à
1566 et fut publiée par Saint-Miedman
et Jan Gheylliaert, libraires.

EMRICH, 1573.

Le premier livre imprimé à cette date,
« Johannis Reichenii Bewehrnuss der
rechten Christlicen Lehr », etc., ne porte
pas de nom d'imprimeur. On ne trouve
qu'en 1592 le nom de Reynder Wylicks
van Deventer, qui imprima: « Petri Ba-
cherii spongia ebriosorum ».

ERFURTH, 1479.

C'est à cette date que parut « Lectiona-
rium de tempore duodecim actrium lec-
tionum », imprimé par Paul Wilder de
Hornbacu. Cependant certains écrivains
affirment que Wider de Hornbach n'a
imprimé à Erfurth qu'en 1482.

ETTLINGEN, 1531.

Valentin Kobian qui exerçait à Dur-
lach en 1512, imprima à cette date
un ouvrage de médecine de Jacob Man-
tinus.

1.

FRANCFORT-sur-MEIN, 1531.

Christian Egenolph ou Egenolff est
l'introducteur de la typographie en cette
ville, ou, pour être plus exact, le chef du
premier établissement typographique sta-
ble. Il exerça de 1531 à 1555. Cependant
plusieurs bibliographes affirment qu'en
1478 un imprimeur du nom de Hans
Pfedersheim aurait publié dans cette
ville de nombreux ouvrages.

C'est à Francfort que s'établit, en 1535,
le célèbre typographe Wechel.

FRANCFORT-sur-ODER, 1566.

Une édition des quatre premiers livres
d'Euclide est le plus ancien produit typographique sorti de cette ville. Les premiers imprimeurs furent Nicolas Lam-
perter et Balthasar Murrer.

En 1511 figure à Francfort-sur-Oder
l'imprimeur Baumgarten, qui a publié
d'excellentes éditions classiques.

FRANKENTHAL, 1578.

Cette petite ville, qui, sous l'électeur

palatin Charles-Théodore, fut célèbre à
la fin du XVIIIᵉ siècle par sa fabrication
de porcelaine, vit l'imprimerie en 1578.
Le premier ouvrage porte le titre: « Her-
manni pacifici simplex at dilucida expositio », etc., mais on ne trouve de nom
d'imprimeur qu'en 1608. Roland Pape y
a imprimé des livres de controverse religieuse.

FREYBERG, 1485.

On trouve à cette date la réimpression
du « Missale Misniense », imprimé par
Schœffer à Mayence, en 1485. L'imprimeur était Conrad Kachelosen, mais il
est probable que son établissement n'exista que temporairement, car on ne trouve
plus de date d'impression qu'en 1582.

FREYSINGEN, 1487.

L'évêque de Freysingen, Sixte, appela
de Laudibus præstantissimæ Civitatis
midt, qui imprima le « Missale Frisin-
gense ». Mais on attribue généralement
à l'imprimeur Schaeffler l'impression, en

1495, du premier ouvrage qui fut le premier produit des presses locales.

FRIBOURG EN BRISGAU, 1493.

Le premier livre imprimé dans cette ville par Kilianus (Est-ce le correcteur de Plantin?) porte ce titre: « Perlustratio sancti Bonauenture », etc.

En 1499, nous trouvons le nom de l'imprimeur Fr. Riedrers.

GERA, 1591.

Paul Donat est considéré comme l'introducteur de la typographie dans cette ville. Le premier livre imprimé est:« Ad Crationis Christliche Verantwortung ».

GLAUCHAU, 1580.

Le plus ancien livre qu'on puisse citer remonte à cette date, mais on ne trouve pas de nom d'imprimeur. En 1712, le baron Von Canstein fonda un établissement typographique en cette ville, qui produisit près d'un million de Testaments et plus de deux millions de Bibles.

GORLITZ, 1548.

Le nom de cette ville se trouve sur un ouvrage qui porte cette date, mais il est probable, d'après la plupart des bibliographes, qu'il aura été imprimé à Leipzig. On trouve, en 1561, un imprimeur du nom d'Abraham Fritschius qui publia: « Lagnerii sententiæ », etc.

GOSLAR, 1545.

Le Catalogue de la vente Mattaire, à Londres, donne ce titre d'un ouvrage imprimé à cette date: « Nonni translatio sancti evangelii secundum Joannem, » etc., qui nous fait connaître le nom du premier imprimeur, Johann Voigt ou Vogt, qui se retrouve sur un grand nombre de volumes exécutés jusqu'en 1608.

HALBERITADT, 1520.

La Bibliothèque de Paris possède un « Missel » indiquant cette date et ce lieu d'impression. Ce volume ne porte pas de nom d'imprimeur; cependant, les recherches bibliographiques permettent d'en

reporter l'honneur à Ludovicus Trutebu-
len.

HALL, 1536.

Pierre Brubach, établi d'abord à Ha-
guenau, imprima dans cette ville, à la
date ci-dessus, un « Catéchisme » dédié
à Ottoni Furster par Urbanius Reghius.

HAMBURG, 1491.

« Laudes beate Marie Virginis » est le
premier volume imprimé dans cette ville
et le nom du premier imprimeur connu
est Franciscus Rhodus. Au début du
XVIe siècle, il faut noter à Hambourg
l'imprimerie particulière de l'orientaliste
Guthirius.

HANOVRE, 1547.

Le premier imprimeur de cette ville est
Henning Rudenus qui imprima un livre
rare entre les plus rares: « Jo. Busmani
de Laudibus prœstantissimæ Civitatis
Lubecæ ».

HEIDELBERG, 1547.

Un recueil de sermons a été imprimé
à cette date; mais on ne rencontre de
nom d'imprimeur qu'en 1488: Friedrich
Misch. Un autre imprimeur, Henry Kno-
blochzer, établi à Strasbourg en 1483,
vint à Heidelberg à la même époque et
imprima l'ouvrage de Quarinus: « De
modo et ordine docendi ac discendi ».

HELMSTŒDT, 1572.

L'imprimerie précéda de quelques an
nées, en cette ville, la fondation de l'Université qui eut lieu en 1576. Le nom du
premier imprimeur est Jacobus-Lucius
Transylvanus.

HERBORN, 1585.

Un imprimeur de Francfort, Christophe Corvin, fut l'introducteur de la typographie dans cette ville. Les premiers
livres qu'il imprima ne portent pas son
nom et ce n'est qu'en 1587 qu'on rencontre, sur « Analysis logica et rhetorica
orationis M. T. Ciceronis pro Marco Mar-
celllo », une date et ce nom d'imprimeur.

HERVODEN, 1548.

Gervasius Sthurmerus imprima en cette ville un très rare volume: « Historia de vita et actis Martini Lutheri ».

IÉNA, 1545.

On ignore le nom de l'imprimeur qui aurait imprimé le premier livre: « Christophori Hammeri introductio in lectiorem Armenicam ».

INGOLSTADT, 1487.

Le premier imprimeur de cette ville est Jean Kachelofen, dont le nom, cependant, n'apparaît sur les ouvrages qu'en 1499. On lui attribue, toutefois, l'impression à la date ci-dessus d'un ouvrage de Paulus Lescherius: « Rhetorica pro Conficiendis epistolis accommoda ».

KIEL, 1528.

Le premier produit de la typographie est: « Dat erste capittel des evangelisten S. Mattheus », mais on ignore le nom de l'imprimeur et il faut remonter à 1665, époque de la fondation de l'Université de cette ville, pour trouver le nom du premier imprimeur connu, Raumann.

KISSINGEN, 1584.

L'imprimerie date dans cette ville de l'année 1584, et elle fut exercée d'abord par le typographe Johan Manlinus. Le premier livre imprimé est: « De ratione instituendi puerum ab anno œtatis VI et VII ad annum usque XIV », etc., etc.

KONIGSBERG, 1520.

Une imprimerie considérable exista dans cette ville de 1520 à 1555; elle était dirigée par Weivreich, qui imprima vers 1530 : « Episcoporum Prussiæ Constitutiones synodales », ouvrage devenu introuvable.

KRONSTADT, 1533.

C'est à cette date que Jean Honterus, après avoir étudié aux Universités de Cracovie et de Bâle, revint fonder un atelier typographique qu'il dirigea lui-même. Le premier livre qu'il ait imprimé est: « J. Honteri compendium grammatices latinæ (1535) ».

LAHR, 1515.

A la suite de la peste de Strasbourg, plusieurs imprimeurs de cette ville transportèrent leur matériel dans les localités voisines, et Wilhem Schaffnaer vint imprimer à Lahr : « Elucidarius carminum et historiarum ».

LEIPZIG, 1481.

C'est à cette date qu'on peut reporter l'introduction de l'imprimerie dans cette ville célèbre, la ville des livres. Le premier imprimeur serait Conr. Kacheloven. Cependant certains bibliographes attribuent la priorité à Marc Brandt, qui imprima un Traité philosophique de l'archevêque de Prague.

LEMGO, 1563.

On trouve à cette date un « Catalogus

episcoporum Paderbornensium', /eorum-
que acta », etc., imprimé par Hermann
Kerssenbroek.

LICH, 1596.

Les recherches bibliographiques fixent
à cette date l'introduction de l'imprimerie dans cette petite ville. On trouve, en
1596, un livre d'astronomie de D. Her-
litz, imprimé par Nicolas Erben.

LINDAU, 1593.

Ludwig de Brême imprima, à cette date, un ouvrage de Wolfgang Platzius
sur la vie de Jésus-Christ, et en 1595,
un Calendrier de Barth Külich. Ce Ludwig de Brême s'appelait König; il possé-
dait une autre imprimerie à Rorschach.

LUBECK, 1475.

Lucas Brandis de Schass, établi deux
ans auparavant à Merseburg, est l'introducteur de l'imprimerie à Lubeck, où
il publia à cette date: « Rudimentum no
viciorum; Epithoma partes in sex juxta
mundi sex aetates divisum », etc.

LUNEBURG, 1493.

L'imprimerie exista dans cette ville à la date ci-dessus; nous y rencontrons une « Imitation de Jésus-Christ » imprimée par Johannes Luce.

MAGDEBOURG, 1491.

Le premier livre imprimé dans cette ville est le « Psalterium latinum », dont l'imprimeur est Bartholomeus Ghotan.

MANSFELD, 1572.

L'introduction de l'imprimerie dans cette ville peut être reportée à l'époque de la tenue d'un congrès de théologiens, les 1er et 4 septembre de cette année. Le premier livre imprimé porte pour titre: « Eur. Spangerbergs Manfeldische Chronica », etc., sans nom d'imprimeur.

MARBOURG, 1527.

Johannes Loersfeldt est le premier imprimeur dont on trouve le nom sur des ouvrages imprimés dans cette ville. Le premier livre porte ce titre: « Enricii

Cordi pro agnoscenda vera religione pa-
rœneticon ». C'est dans cete ville que
Hans Luft imprima les œuvres de Wil-
liam Tyndale.

MARIENTHAL, 1470-74.

Les Frères du Val Sainte-Marie publièrent, vers 1470, une prière liturgique
dont les lettres portent la date de 1468;
mais le premier livre imprimé avec date
certaine est un « Psalterium -Brevia-
rium (1474) ».

MAYENCE, 1450-52.

Berceau de l'imprimerie. Gutenberg,
exilé à Strasbourg à la suite de la révolte
des corporations mayençaises, se réfugia
au couvent de Saint-Arbogast, où il mit
en œuvre les secrets de son admirable
découverte. C'est en 1450 qu'il commença
la « Bible ; » mais antérieurement il
avait imprimé des « Donats » et des
« Psautiers ». C'est de 1455 que date la
séparation de Gutenberg d'avec Schœffer et Fust.

MEISSEN, 1520.

L'évêque Jean de Salhausen fit venir de Leipzig à Meissen, Melchior Lotten, gendre de Kacheloven, imprimeur à Freyberg. Il imprime, à cette date, un « Breviarium Misnense ».

MEMMINGEN, 1482.

Une édition du célèbre « Fasciculus Temporum », de Werner Rolewincki, a été imprimée, à cette date, par Albrecht Kuhn, de Kunne, qui exerça sans compétition, dans cette ville, pendant près de 40 ans.

MERSEBOURG, 1473.

Le premier livre imprimé dans cette ville est exécuté par Lucas Brandis, que l'on retrouve quelques années plus tard à Lubeck. « Liber de quœstionibus frosii », tel est le titre de cet ouvrage qui fut exécuté en même temps que la rare édition d'une traduction latine d'un traité d'Aristote.

METZ, 1489.

Le premier livre imprimé dans cette ville est le 1ᵉʳ livre de « l'Imitation de J.-C. », qui se trouve joint à un autre petit volume de même format. On n'a pas de nom d'imprimeur. Parmi les imprimeurs de Metz, au XVIᵉ siècle, il faut citer les deux Jehan Pallier.

MINDEN, 1541.

Une « Ordonnace » de la margrave Elisabeth de Brandenburg, souscrite à cette date au nom de la ville et conservée à la Bodléienne, est la seule pièce qui permette de fixer la date de l'introduction de l'imprimerie.

MUHLHAUSEN, 1565.

C'est presque à la même date que son homonyme d'Alsace, que la Mulhouse saxonne a vu s'établir l'imprimerie. C'est à cette date qu'on trouve la première mention | de l'imprimerie de Georg Hantzsch, qui imprime « Chrysostomi erklärung dess spruchs », etc.

MULHOUSE, 1561.

On confond souvent dans les ouvrages bibliographiques la Mulhouse saxonne avec la Mulhouse alsacienne. Le premier livre que puisse revendiquer cette dernière est : « De arbore scintiæ boni et mali. (Séb. Frank) authore. — Mulhusii superioris Elsatiæ per Petrum Fabrum ».

MUNICH, 1498.

L'imprimerie tabellaire existait avant cette date à Munich, mais l'imprimerie en caractères mobiles remonte à peu près à la date que nous fixons. Le premier produit est sorti des presses de Johann Schopsser. C'est un recueil de sermons de Paul Wann, théologien de Padoue.

MÜNSTER, 1486.

Les bibliographes sont d'accord pour reporter à cette année la date de l'introduction de la typographie dans cette ville. Un ouvrage de Rudolphe de Langhen parut dans cette ville et l'on trouve un ouvrage imprimé par Gregorius Os, de Bréda que l'on suppose antérieur à 1486.

NEUSTADT, 1564.

Matthès Harnisch fut le premier imprimeur de cette ville, et les Catalogues des foires de Francfort donnent comme premier ouvrage imprimé par lui: « Johan Willings viertzchen Predigten von gewisser Bewahrung », etc.

NUREMBERG, 1470.

Un livre de théologie, de François de Retz, passe pour être le premier ouvrage imprimé dans cette ville, une des premières qui profitèrent du sac de Mayence, en 1462. Les premiers imprimeurs furent Keffer et Sensenschmidt.

ODENSEE, 1482.

Première ville du royaume du Nord qui ait eu l'honneur de voir un livre souscrit à son nom. Le premier impri-

meur fut Johannes Snell, qui publia :
« Guilhelmi Caorsini de obsidione et
bello Rhodiano ».

OFFENBOURG, 1496.

L'imprimerie a été introduite dans
cette petite ville par un typographe de
Strasbourg, dont le nom n'est pas connu,
et qui imprime un ouvrage de Robert
de Licio: « De peccatis cum aliquibus
sermonibus annexis ».

OLDENBOURG, 1599.

Warner Berendts-Erben imprime à
cette date, la « Chronique locale » d'Ol-
denbourg. Cependant on trouve, en 1567,
un imprimeur du nom de Zimmer; mais
il est certain qu'il y a là une erreur de
date et qu'il faut lire 1667.

OPPENHEIM, 1494.

Deux ouvrages ont été publiés en 1494
et 1498; mais on ignore le nom de l'imprimeur. Dans le dernier, le correcteur
Pierre Gunther présente dans une pièce

de vers, l'apologie de la découverte de l'imprimerie et des premiers typographes allemands. Le premier imprimeur connu d'Oppenheim est Jacques Köbel (1510-1530).

PADERBORN, 1598.

On ne trouve pas de livre portant une date avant cette époque. Le premier typographe est un nommé Matheus Pontonus, qui publie: « Bernardi a Kirchen Basil. Kurtzer Bericht ».

PASSAU, 1480.

Le plus ancien ouvrage imprimé dans cette ville serait un « Missale Pata vien-se; » on n'en connaît pas l'imprimeur; mais l'année suivante, Conrad Statsel et Benoit Mayr, associés, publient : « Beati Eusebii epistolæ ».

PFORZHEIM, 1500.

L'introducteur de la typographie dans cette ville fut Thomas Anselme, de Bade, et le premier ouvrage imprimé par lui, porte ce titre: « Johannes Altenstaig. Vocabularius ».

POSEN, 1577.

La première imprimerie fut fondée par Melchior Neringk qui publia « Joh. Lasitii. Clades Dantis canorum ».Le second typographe fut Jean Wolrab.

RATISBONNE, 1485.

L'imprimerie fut introduite dans cette ville par les typographes de Bamberg, Sensenschmidt et Beckenhaub, de Mayence, qui imprimèrent: « Liber Missalis secundum breviarium chori Ecclesiœ Ratisponensis ».

ROSTOCK, 1475.

Les Frères de la Vie Commune installèrent une imprimerie dans cette ville et imprimèrent, à la date ci-dessus, un Lactance: « De divinis institutionibus ». On trouve, en 1512, une imprimerie privée, établie par le savant docteur Mareschalkus.

SPIRE, 1471.

On fait remonter à cette date la publication du premier livre: « Postilla scholastica super Apocalypsis et super Cantica Canticorum », dont on ne connaît pas l'imprimeur. Les caractères de cet ouvrage ne ressemblent pas à ceux employés, en 1477, par Peter Drach, considéré comme l'introducteur de la typographie à Spire.

STETTIN, 1570.

L'introducteur de la typographie dans cette ville fut un ministre protestant, Georgius Rheti, qui publie: « M. Joh. Gigantis zwo predigten von der H.Tauff.

STRASBOURG, 1458.

Le contemporain Phil. de Lignamine donne cette date pour les premières impressions faites en cette ville par Mentelin (Jean). Toutefois, la « Biblia Sacra Germanica » est reportée à la date de 1466. Le premier livre strasbourgeois, ayant une date certaine, « Grationi de-

2.

cretum », etc., est sorti des presses de
Henry Eggesteyn, en 1466.

TRÈVES, 1481.

On ne connaît pas le nom de l'imprimeur du premier livre qui a paru dans
cette ville: « Incipit speculum Clarum
nobile et preciosum » etc. ; mais il est
exécuté principalement avec les caractères de Gulldenschaff, de Cologne, bien
qu'il s'y trouve des caractères de toutes
sortes, même des caractères romains.

WISSEMBERG. (Saxe),1503.

Le premier imprimeur de cette ville
fut Nicolas Marscal, qui écrivit une introduction pour le « Compendium juris
civilis Petri Ravennatis ». C'est dnas son
atelier que travailla Günther Winter.
C'est dans cette ville que le 30 septembre 1517, Martin Luther commença les
hostilités contre la cour de Rome.

WOLFENBUTTEL, 1570.

Bien que certains écrivains fassent

remonter l'introduction de l'imprimerie dans cette ville à 1541, c'est en 1570 que parut 'le premier ouvrage 'qu'on peut sûrement attribuer à cette ville : « Bericht Gründlicher von Christlicher Einigkect ».

WURTZBOURG, 1475.

L'imprimerie fut introduite dans cette ville par Georg. Reyser, qui publia le beau « Psalterium Davidis » ; mais ce dernier n'imprima d'une façon effective qu'en 1481 un « Agenda, Registrum in agendam ».

ANGLETERRE

ÉCOSSE, IRLANDE

CAMBBRIDGE, 1521.

Johannes Siberch est le premier imprimeur de Cambridge qui fit paraître à
cette date un « Lucien ». Cet imprimeur
est le premier qui employa en Angleterre
les caractères grecs fondus. C'est à la
tête de l'imprimerie de Cambridge que
fut placé Archdeacon.

CANTERBURY, 1540.

Le premier imprimeur de Canterbury
connu est John Mitchell, qui imprima à
cette date : « The chorle and the Byrde ».

DUBLIN, (Irlande), 1551.

Le plus ancin livre connu, « The Booke
of common prayer », fut imprimé par

Humphrey Powell, qui exerça à Dublin pendant près de quinze ans.

L'imprimerie en caractères irlandais fut exercée dans cette ville, à partir de 1571, par Walsh et Kearney.

ÉDIMBOURG, (Écosse), 1507.

Le premier ouvrage imprimé dans cette ville est un curieux volume de poésies exécuté par Walter Chepmann et Andrew Myllar. C'est à Édimbourg que parut, en 1736, le « Salluste », stéréotype exécuté par Willged, livre bien connu aujourd'hui et fort recherché des curieux comme l'un des premiers échantillons de cet art nouveau.

HEREFORD, 1588.

Gabriel Peignot dit dans son « Dictionnaire de bibliologie » que la première manufacture de papier qui ait existé en Angleterre fut établie dans cette ville en 1588, et qu'avant cette époque les Anglais tiraient leur papier de l'étranger.

IPSWICH, 1534.

L'introducteur de la typographie dans cette ville serait Regnauld Ollivier, peut-être fils de Pierre Olivier, de Rouen, qui aurait imprimé à cette date « Historia evangelica Juvnci Hispani presbyteri ».

LAMBETH, 1572.

Les archevêques de Canterbury firent imprimer dans l'enceinte sacrée de leur palais, sous la direction de Mathew Parker, un livre très précieux : « De antiquitate Britannicæ ecclesiæ, etc ».

LONDRES, 1477.

Caxton est l'introducteur de l'imprimerie en Angleterre. Le premier livre qu'il imprima à Westminster est intitulé: « The dictes and sayinges of te philosophers ». Caxton est mort en 1491.

On trouve, à la date de 1480, un ouvrage imprimé par John Lettou, sans doute un des ouvriers amenés de Cologne par Caxton.

NORWICH, 1568.

Anthoine de Solemme ou de Solesmes, flamand, fut l'introducteur de l'imprimerie à Norwich. Le premier ouvrage qu'il imprima est celui-ci : « De CL Psalmen Davids ». Le dernier ouvrage qu'il publia est de 1578 et on ne retrouve plus trace d'imprimerie dans cette ville qu'en 1701.

OXFORD, 1479.

Le premier imprimeur de cette ville, célèbre par son Université, est un Allemand, Tendericus Rood, qui s'associa un Oxonien, Thomas Hunt. Le premier volume imprimé est un « Aristoteles Ethica ». C'est en 1713 que lord Clarendon établit à Oxford une importante imprimerie avec les bénéfices produits par son « Histoire de la rébellion ».

SAINT-ALBANS, 1480.

C'est la troisième ville d'Angleterre qui ait joui des bénéfices de l'imprimerie, et elle le doit aux moines de Cîteaux. Le pre-

mier ouvrage imprimé est : « Rhetorica
nova Laurencii Guilelmi de Saona ». De
1486 à 1534, on ne retrouve plus trace
d'imprimerie dans cette ville.

SAINT-ANDREWS (Écosse), 1548-51.

Le docteur Mackensie prétend que le
premier livre imprimé est « The Com-
plaint of Scotland, mais on ne connaît
aucun exemplaire de cet ouvrage, et l'on
est forcé de revenir à la deuxième date,
où parut le « Catéchisme de l'archevêque
Hamilton ».

SOUTHWARK, 1518.

Un Allemand du nom de Peter Treve-
ris, qui imprimait pour la librairie Rey-
nes et Andrewe, paraît avoir établi le
premier atelier typographique et donne à
cette date: «The Grete Herbal, which gi-
neth parfyt Knowledge and vnderstan-
ding of all manner of herbes... »

TAVISTOCK, 1525.

Les Bénédictins fondèrent un établissement typographique dirigé par Dan. Thomas Rychard, qui imprime : « The Boke of Comfort, called in latex Bœtius de consolatione philosophie ».

YORK, 1509.

Un Belge du nom de Hughes Goes ou Van der Goes, importa l'imprimerie, à cette date, dans la patrie d'Alcuin. « In laudem sanctissime trinitatis, totius que milicie Celestis, » etc., fut le premier livre imprimé par ses soins.

————

AUTRICHE

BOHÊME, HONGRIE, MORAVIE, TRANSYLVANIE

BARFELD (Hongrie), 1579.

Bien que cette date soit donnée pour l'époque de l'introduction de l'imprimerie, les premiers ouvrages imprimés par David Gutgesel et Jacques Klös, les premiers imprimeurs connus, ne parurent qu'en 1590. George Sambuch dirigea l'imprimerie de Bartfeld de 1608 à 1672.

BRUNN 1486.

Le premier livre connu et cité est un « Agenda secundum chorum Olomucensem ». Il porte seulement une date, et ce n'est qu'en 1491 qu'on trouve les noms de deux imprimeurs : Conrad Strahel, qui travaillait à Passau en 1480, et Matheus Preinlein.

BUDE (Hongrie), 1473.

Le roi Mathias Corvin, à la requête d'un savant italien, Taddeo Ugoleto, fit venir de Parme l'imprimeur Andro Hess qui fit paraître, à la date ci-dessus: « Chronica Hungarorum », etc.

DEBRECZIN (Hongrie), 1582.

Le premier typographe qui exerça dans cette ville fut Michaël Töröc, qui imprima un ouvrage très important : « Confessio Catholica» (Helvetica).Après lui on trouve dans cette ville l'imprimeur Raphael Hoffhalter, qui travaille en cette ville jusqu'en 1565 et est remplacé par sa veuve et son fils.

DETREKO (Hongrie), 1582.

Un recueil de prières et de poésies en hongrois fut imprimé à cette date par Petrus Bornemiza, pasteur de la Confession d'Augsbourg, qui traînait partout avec lui une petite imprimerie. A Detrekö, elle était installée dans un château apparte-

nant au comte Etienne Balassa de Gyar-
math.

GALGOTZON (Hongrie), 1584.

A cette date, Valentinus Mantskovits
exerça la typographie dans cette petite
ville, qu'il quitta pour Visoly. Il imprima
un ouvrage de Demetrius Sibolti, évêque
du district Cis-Danubien.

GRATZ, 1571.

Un ouvrage de D. Paulus Florentius a
été imprimé à cette date à Grätz ; mais
on ne trouve de nom d'imprimeur qu'en
1588: Georg. Widmanstadius.

HERMANNSTADT,
(Transylvanie), 1575.

Ce n'est qu'à cette date que fonctionna un atelier de typographie sous la direction de Martinus Hensler et Martinus
Vintzler.

INSPRUCK, 1592.

A cette date paraît l'admirable « Livre

des Hapsbourg », recueil d'un prix inesti-
mable et d'une ornementation hors ligne;
imprimé par Joannes Agricola.

JUNG-BUNZLAU

(Bohême), 1518.

A cette époque, un imprimeur du nom
de Nieuless Kuhla y exécuta une édition
de Sénèque, une édition de Lactance.C'est
dans cette ville que prit naissance la secte des Frères Moraves.

KRALITZ (Moravie), 1579.

Une Bible faite sur les textes hébreu
et grec sortit, à cette date, de l'imprimerie particulière que le baron Jean de Ze-
rotjn avait mise à la disposition des Frères Moraves. Tous les exemplaires de
cette Bible, très rares, ont été supprimés
avec soin par les Jésuites.

KUTTENBERG (Bohême) 1489.

C'est l'une des premières villes du royaume de Bohême dans lesquelles ait pénétré l'art de l'imprimerie. Une Bible bo-

hémienne fut imprimée en 1489, dont les figures sur bois ont été gravées par l'imprimerie de Tischnowa. En 1506, Pierre de Lichtenstein donne une nouvelle Bible en bohémien.

LEMBERG, 1593.

Le premier imprimeur est Mathias Bernard, qui publia à cette date les « Vies de Scipion et d'Annibal » de Plutarque.

LINTZ, 1529.

Un livre gothique permet de fixer à cette date l'introduction de l'imprimerie dans cette ville, où Kepler publia la plupart de de ses immortels ouvrages, par les soins de l'imprimeur Plancus, dont l'établissement fut détruit en 1627.

NÉMET UJVAR (Hongrie), 1582.

Appelé dans cette ville par les comtes Batthyani, un imprimeur, Joannes Manlius, y établit une typographie qu'il dirigea jusqu'en 1597.

OLMUTZ, 1499.

Un livre imprimé par Baumgarten passe pour être le premier produit de l'imprimerie à Olmütz : « Tractatus contra heresim Valdensium Augustini de Olmucz ad Ioannem Agyrum Physicum Sectarium ».

PILSEN (Bohême), 1468.

C'est à cette date que remonte la célèbre édition du « Troyanskà historie », et le seul imprimeur dont on rencontre le nom, à Pilsen, au XV⁰ siècle, s'appelle Mikulas ou Nicolas Bakalar.

PRAGUE (Bohême) 1478.

Bien que quelques bibliographes fixent la date de 1468, il faut considérer que le premier ouvrage, imprimé par Jean Pytlik, est : « Statuum Utra quisticorum articuli in Comitiis Nimburger sibus conclusi ».

SAVAR (Hongrie) 1536.

A cette date,, le comte Thomas de Nadasd fonda une imprimerie dont il confia la direction à Joannes Sylvester, l'auteur et l'imprimeur d'une « Grammaire Hungaro Latina ».

WEISSENBURG, 1567.

Le premier livre imprimé à cette date, par Raphaël Hofhalter, appelé par le prince Jean Sigismond, est : « Refutatio scripti Petri Melii », etc.

BELGIQUE

ALOST, 1473.

L'introduction de l'imprimerie en cette ville est due à Thierry Martens, qui alla étudier l'art typographique à Venise et qui établit avant sa mort des succursales de sa maison à Anvers et à Louvain. Premier ouvrage imprimé: « Speculum conuersionis peccatorum », etc.

ANVERS, 1476.

En dépit des controverses nombreuses qui se sont élevées au sujet de l'établissement de l'imprimerie dans cette ville, Thierry Martens est le premier imprimeur d'Anvers, et le premier ouvrage imprimé: « Summa experimentorum » de Petrus Hispanus, est de 1476. C'est en

1555 que Plantin imprima pour la première fois en cette ville.

AUDENARDE, 1480.

Le premeier imprimeur de cette ville
est le célèbre Arnd ou Arnold de Keysere. Le premier ouvrage portant une
date est : « Hrmanni de Petro de scut-
dorpe, Sermones I », etc. En 1483, on
retrouve Arnold de Keysere établi à
Gand.

BINCHE, 1545.

. L'imprimerie remonte en cette ville
à 1545. La « Vie et légende de saincte
Luthgarde » a été imprimée à cette date,
par l'imprimeur Guillaume Cordier.

BRUGES, 1475-76.

La typographie fut réellement introduite en cette ville par Colard Mansion.
Le premier livre imprimé par lui, « Jardin de dévotion », est sans date; le
second: « Boccace du dechiet des nobles
hommes et cleres femmes » (1476). Deux

imprimeurs, Dieric et de Prentere, seraient
antérieurs à Mansion, d'après les archi-
ves de la confrérie des libraires de Bruges. C'est dans cette ville que Caxton
apprit son art.

BRUXELLES, 1472.

Les impressions premières faites en
cette ville sont sorties du couvent des
Frères de la Vie commune. On cite d'a-
bord le « Gnotosolitos », bien qu'un autre ouvrage soit sorti antérieurement des
presses. Cependant la plupart des bibliographes ont adopté, pour l'introduction
de l'imprimerie à Bruxelles, la date de
1476.

GAND, 1483.

Le premier imprimeur de Gand est
Arnaud de Keyser, peut-être parent du
célèbre imprimeur d'Anvers. Sa première
impression, découverte par L. Héberlé,
est: « Traicté de pais » d'Arras du 8
Avril 1483 ». Gand est la septième ville
de Belgique dans laquelle ait été exercé
l'art de l'imprimerie.

LOUVAIN, 1474.

L'Université de cette ville appela à Louvain l'illustre Jean de Westphalie, qui dispute à Thierry Martens l'honneur de l'introduction de l'imprimerie en Belgique. Le premier livre imprimé par Jean de Westphalie fut : « Petri de Crescentiis liber ruralium commodorum ».

LIÈGE, 1556.

Voici le premier volume éxécuté dans cette ville: « Pronostication sur le cours du Ciel », etc. Il porte comme nom d'imprimeur Henri Rochefort. Un seul exemplaire de cet ouvrage est à la Bibliothèque de Bruxelles.

Le second imprimeur de Liège est G. Morberius, dont l'établissement eut une certaine importance.

MONS, 1580.

Rutger Volpius, imprimeur à Louvain, vint exercer à Mons pendant cinq ans et y imprima, à la date ci-dessus, un pam-

phlet contre Guillaume le Taciturne:
le « Renard découvert ».

MALINES, 1581.

Le premier livre publié à Malines sortit des presses de Jacob Hendrick: « la Perle de similitude ». Cependant, certains bibliographes reportent l'introduction de l'imprimerie à 1531 avec un ouvrage d'Henri Corneille Agrippa, imprimé par Graphæus; mais on ne possède pas de certitude à cet égard.

YPRES, 1545.

L'introducteur de la typographie à Ypres fut Josse Destrée ou Destrez. On ne rencontre d'ouvrage portant son nom comme imprimeur qu'en 1556: « Droits, privilèges et usanche de la ville et chastellenie de Cassel ».

DANEMARK

ISLANDE, SUÉDE

COPENHAGUE, 1493.

Le premier imprimeur est un Allemand du nom de Gottfried de Ghemen ; le premier livre publié avec date remonte à 1493, mais il fut précédé d'un «Donat» qui porte le nom de cet imprimeur.

HOOLUM (Islande), 1531.

A la requête de Johann Areson, évêque d'Hoolum, une imprimerie fut organisée dans cette bourgade en 1530, et là fut exécuté le fameux « Breviarium nidarosiense» par un imprimeur suédois du nom de Mathieson. Le livre porte la date de 1531.

ROESKYLDE, 1534.

Ctte ville est une des premières qui ait

vu fleurir l'imprimerie dans ses murs. Un volume publié à cette date : « Erasmi Roterodamensis Principis Christiani institutio. Danice versa », fut imprimé par Hans Barth ou Bardt.

STOCKHOLM (Suède), 1483.

Un maître imprimeur, Johannes Snell, vint se fixer en 1483 à Stockholm et imprima : « Dialogus Creaturarum Moralizatus ». On ne trouve pas de livre portant ce nom d'imprimeur de 1483 à 1495, date à laquelle parut le premier livre en suédois. C'est à Stockholm que fut imprima : « Dialogus Creaturarum Moracaractères runiques.

WADSTENA (Suède), 1495.

Le premier produit des presses de cette ville, sur l'authenticité duquel on ne puisse émettre de doute, est : « Breviarium ad usum Cœnobii Wadstenensis » On ignore le nom de l'imprimeur.

ESPAGNE

PORTUGAL

___

ALCALA DE HENARÈS, 1501.

Varez de Castro passe pour avoir introduit l'imprimerie dans cette ville, mais on ne retrouve pas de livre imprimé portant son nom. Un imprimeur de Séville, Stanislas, quitte son associé Ungut et vient s'établir à Alcala, où il imprime en 1502 des « Ordinanzas reales ». C'est vers 1511 qu'imprime à Alcala Guill. de Brocar, dont le plus beau titre de gloire est la « Polyglotte du cardinal Ximenès ».

ALMEIRIM (Portugal) 1516.

« Regra e estatutos da Ordem de Avis, imprimé en 1516 par Herman de Campos, qui n'est autre que le Français Germain Caillard dont on retrouve le nom à l'histoire de la typographie de Lisbonne.

ANTEQUERA, 1516.

Le premier imprimeur fut Antonius Nebrissensis, le grammairien: (vulgo Antonio de Lebrija), et le premier livre que l'on cite est : « Elegancias Romança-das ».

BRAGA (Portugal), 1494.

L'imprimerie fut introduite dans cette ville archiépiscopale par un typographe allemand, Gherling ou Gherlinc. Le premier livre connu est un « Breviarum Bracharense ».

BURGOS, 1485.

C'est un Allemand sans doute, un élève de Berthold Rot, qui introduisit l'imprimerie dans cette ville. Frédéric de Bâle publia, à la date ci-dessus, « Arte de grammatica de Fray Andres de Cereso ; puis vint, en 1491, Jean de Burgos.

BILBAO, 1538.

« Pii IV, Pii V et Gregorii XII variae Constitutiones », tel est le titre du premier ouvrage imprimé par Mathias Paludanus.

BARCELONE, 1478.

Les deux premiers imprimeurs authentiques de Barcelone sont : Nicolas Spindeler, Allemand, et Pierre Bru ou Bruno, Savoyard, qui établirent en 1478 un établissement typographique en association, et le premier ouvrage sorti de leurs presses est une œuvre de saint Thomas d'Aquin. Les origines de l'imprimerie dans cette ville demeurent fort ténébreuses.

COIMBRE (Portugal), 1520.

« Cronica do imperador Clarimundo », par Joao de Barros, fut imprimé à cette date par J. Barreira, qui introduisit en Portugal les caractères grecs.

CUENCA, 1534.

Quelques bibliographes fixent à 1589 la date de l'introduction de l'imprimerie dans cette ville, mais on trouve, en 1534, un ouvrage: « Deuotissima exposicion sobre et psalmo miserere mei deus », imprimé par Franciscus de Al Faro.

CORDOUE, 1566.

On trouve à cette date un ouvrage de Mexia sur les obligations du mariage, mais on ne rencontre de nom d'imprimeur qu'en 1577, Juan Baptista, qui publia la relation d'un martyre infligé par les Turcs à un moine de San Francisco.

EPILA, 1596.

Deux curiosités médicales, publiées par le médecin Hieronymus Ximenez, « Institutionum medicarum lib. IV et Quœstiones medicas », furent imprimées dans cette ville par Juan Perès de Valdiviezo.

EVORA, (Portugal), 1519.

Jacques Cromberger, le célèbre imprimeur de Lisbonne, fut appelé dans cette ville par les Dominicains, pour y monter un établissement typographique. Il y publia la seconde édition du recueil des or-- donnances du royaume:« Ordenações do reino di Portugal ».

GUADALUPE, 1545.

Franciscus Diaz Romano imprime dans cette ville où mourut Charles-Quint: « A- bito y armadura spiritual compuesta por el maestro Diego de Cabranes ».

GRENADE, 1496.

Le premier livre imprimé à Grenade, après la conquête, est le premier volume de la vie de Franc. Ximenez. Meynard Ungut et Jean de Nuremberg étaient éta- blis à Séville depuis 1490. En 1504, Juan Varela, de Salamanca, fut appelé à Gre- nade par l'archevêque D. G. de Talauera.

HUESCA, 1576.

Le plus ancien livre imprimé dans cette ville est « In logicam Aristotelis Commentaria ». Le premier imprimeur fut probablement Joan Perez de Valdivieso qui imprima, en 1579, un ouvrage de Joannes de Torres.

LISBONNE (Portugal), 1485.

Une imprimerie hébraïque fut organisée dans cette ville à la fin du XV° siècle, et on trouve les noms de Rabbi Zorba, et Raban Eliezer au bas d'un ouvrage de Rabbi ben Oscher. En 1495, un typographe allemand, Nicolaus de Saxonia, imprime une « Vita Christi » pour les ordres lettrés portugais.

LOGRONO, 1503.

Arnauld Guillen de Brocar exerça le premier l'imprimerie dans cette ville, et le premier ouvrage qu'il publia fut : «Sacerdotalis instructio circa missam », etc.

LERIDA, 1479.

Un pauvre sonneur de cloches, du nom d'Antonio Palares, fut l'introducteur de la typographie dans cette ville. Le pre-

mier livre qu'il imprima, « Breviario 11
lerdense », était conservé dans le couvent des Carmes déchaussés de Barcelone.

LÉON, 1512.

Le titre du premier livre imprimé dans
cette ville par Nicolaus de Benedictis est :
« Composicion de la arte de la arizmetica
y juntamente de la geometrica ».

MURCIE, 1487.

Le premier imprimeur de cette ville est
Lope de la Roca, natif d'Allemagne, venu
de Valence pour imprimer un ouvrage de
D. Diego Rodriguez de Almela, chanoine
de Murcie.

MONTSERRAT, 1499.

Les Bénédictins, qui possédaient en
Espagne dix-neuf monastères, choisirent
l'abbaye de Montserrat pour y établir
l'imprimerie de l'Ordre. Un Allemand établi à Barcelone, Johann Luschner, fut
chargé de cette imprimerie, d'où sortit à

la date ci-dessus : « Libro de las medita-
ciones de N. S. J.-C ».

MALAGA, 1599.

Luys de Marmol Caravajal, qui avait
publié en 1573, à Grenade, les deux premiers volumes de sa « Descripcion genc-
ral de Affriqua », imprima le troisième
volume à Malaga.

MADRID, 1560.

Les origines de l'imprimerie, dans la
patrie de Lope de Vega, sont restées fort
obscures ; mais tout porte à croire que
l'imprimerie date de cette année 1560, où
l'on rencontre un imprimeur, Pedro Co-
sin.

C'est en 1605 que fut imprimée, par Pedro de la Cuesta, la première partie de
l'immortelle histoire de Don Quichotte.

MEDINA DEL CAMPO, 1534.

On trouve, à cette date, un imprimeur
du nom de Touans ou Tovans, qui impri-

me : « Meditacion de la Pasion para las siete horas Canonicas ».

OPORTO (Portugal), 1540.

Un ouvrage d'Antonio porte cette date et le nom suivant d'imprimeur : Apud Vascum Diaz Tanco de Fregenal. En 1541, le même imprimeur publiait un ouvrage de Balthazar Limpo.

OSSUNA, 1549.

Un imprimeur de Séville, Juan de Léon, paraît avoir importé la typographie à Ossuna. Le premier livre sorti de ses presses porte un titre extraordinairment long dont voici les premiers mots : « Comienza el libro primero de la d'eclaraciô de instrumêtos, etc ».

PAMPELUNE, 1495.

Bien que certains bibliographes indiquent 1489 comme date d'introduction, ce n'est qu'en 1495 que l'on voit apparaître le nom du célèbre imprimeur Arnaldus Guillermus Brocar, qui publie: « Co-

mienza el libro llamado Compendio de la
humana salud ».

PALENCIA, 1572.

L'imprimerie paraît remonter, en cette
ville, à l'année 1572, et l'introducteur est
un typographe du nom de Diego Fernan-
dez. Le premier ouvrage imprimé est :
« Domingo de Arteaga. Dominicano Te-
soro de Contemplacion hallada en el Ro-
sario, etc. »

PALMA (Ile Majorque), 1540.

L'imprimerie fut exercée dans cette
ville par Nicol. Calafa, qui publie, à cette
date :« Tractatus magistri Iohanis de ger-
sono Cancellarii parisiensis de regulis
mandatorum qui stringit Conclusionum
processu ».

SÉVILLE, 1477.

Le premier livre avec date certaine remonte à cette année ; mais des impressions antérieures ont eu lieu, telle que
celle de cet incunable rarissime : « Sa-

4

cramental de Clemente Sanchez de Ve-
rual », dont l'imprimeur serait Juan de
Leon.

SEGOVIE, 1525.

Le premier livre imprimé dans cette
ville : « Espajo de la Consciencia para
todos Estados », ne porte pas de nom
d'imprimeur. On ne trouve qu'en 1588 le
nom de Juan de la Cuesta qui publia les
premières éditions de l'immortel chef-
d'œuvre de Cervantes.

SALAMANCA, 1480.

Arnaldo de Brocar et son fils Juan imprimèrent à cette date : « Introductiones
latinæ A. Antonii Nebrissensis ».

SARAGOSSE, 1475.

Un imprimeur flamand, Mathieu, mit
au jour à cette date, un « Manipulus Curatorum », de Guy de Montrocher. On ne
connaît rien autre de cet introducteur de
l'imprimerie en Aragon.

VALLADOLID, 1492.

Le premier typographe est Juan de Froncourt, que l'on suppose Allemand, mais que nous croyons Français et devoir se nommer Francœur. Le premier ouvrage imprimé est : « Tractado breve de confession ».

FRANCE

ABBEVILLE (Somme), 1486.

L'imprimerie est exercée dans cette ville dès cette date. Jehan Dupré, l'illustre typographe parisien qui imprimait le « Missale » de 1481 confie à un artisan d'Abbeville, Pierre Gérard, les caractères et le matériel nécessaires à l'établissement d'une imprimerie considérable. Premier livre imprimé : la « Somme rurale », complétée par Jehan Boutillier.

AGDE (Hérault), 1510.

Le premier livre paru dans cette ville, « Breviarium ad usum beatissimi protomartyris Agathi Diocæsis patroni », a été imprimé par Jehan Belon, qui avait également des presses à Valence en Dauphiné, sa patrie.

AGEN (Lot-et-Garonne), 1545.

On attribue l'introduction de l'imprimerie dans cette ville et l'impression du premier ouvrage à Antoine Reboul, qui fit paraître à cette date un ouvrage du célèbre César Frégose, devenu évêque d'Agen en 1550 : « Canti XI de le Lodi de la S. Lucretia Gonzaga di Gazuolo », etc.

AIX (Bouches-du-Rhône), 1552.

Le premier livre imprimé est un « Règlement des advocats, procureurs et greffiers et des troubles de cour », etc., par François Guérin. L'imprimeur est probablement Pierre Rest, ou Roux, bien que des privilèges aient été accordés en 1539 et 1545, aux libraires d'Aix, par François Ier, et que l'imprimeur de Lyon, Antoine Vincent, ait obtenu la permission pour trois ans (1536-39) d'imprimer les Ordonnances du pays de Provence.

4.

ALBI (Tarn), 1529.

Le premier livre imprimé à cette date dans la quatrième des cités de l'ancienne Aquitaine est: « Sensuyt la vie et légende de madame saincte Febronie, vierge et martyre ». Le présent livre faict imprimer par Pierres Rossignol, marchât et bourgioys Dalby.

ALENÇON (Orne), 1530.

Le premier livre connu, « Sommaire de toute médecine et chirurgie », par Jean Gouevrot, vicomte du Perche, sort des presses de maistre Simon du Bois.

A la fin du XVIIe siècle et pendant tout le XVIIIe, une famille d'un nom très connu, les Malassis, fournit de nombreux imprimeurs à Alençon.

ANGERS (Maine-et-Loire), 1476.

C'est la cinquième ville de France dans laquelle ait pénétré l'imprimerie. Le premier ouvrage imprimé est la « Rhetorica nova » de Cicéron, qui dispute la priorité au « Coustumier d'Anjou », le plus ancien Coutumier français que l'on connaisse. La « Rhétorique » porte à la fin : « Audegani per Johanem de Turre atque Morelli impressores. »

ANGOULÊME (Charente), 1491.

Tous les bibliographes font remonter à cette date l'introduction de l'imprimerie dans cette ville par la publication de cet ouvrage : « Auctores octo Continentes libros videlicet », etc. etc. Le nom de l'imprimeur est inconnu. Au XVIᵉ siècle, il faut citer parmi les imprimeurs la famille des Minières.

ARLES (Bouches-du-Rhône), 1501.

On trouve parmi les premières impressions faites en cette ville un « Breviarium secundum consuetudinem ecclesiæ Arelatensis », mais sans nom d'imprimeur. Le chapitre aura, sans doute, fait venir en Provence un artiste lyonnais pour exécuter ce livre. Mais la date d'impression n'est pas contestée.

ARRAS (Pas-de-Calais), 1528.

L'imprimerie ne fut introduite en cette ville qu'en 1528 et le premier imprimeur est Jehan de Buyens, qui publia le premier livre: « Ordonnances, usages et stilz de la gouvernance d'Arras, faictes et décrétées par l'empereur comte d'Artois ». Le prote de Thierry Martens d'Alost était Pierre Touros, d'Arras.

AUXERRE (Yonne), 1566.

, La Bibliothèque nationale possède une pièce, publiée à cette date: « Sauvegarde donnée par l'empereur (Maximilien II) à M. le cardinal de Lorraine, evesque de Metz », et imprimée par Bourdon.

AVRANCHES (Manche), 1591.

Le plus ancien livre connu imprimé à Avranches est le « Bréviaire d'Avranches, » publié par Jehan le Cartel, qui fonda quelques années plus tard une imprimerie à Coutances. C'est la bibliothèque d'Avranches qui contient les manuscrits de l'ancienne abbaye du Mont Saint-Michel.

AVIGNON (Vaucluse), 1497.

L'imprimerie date, à Avignon, de 1497. Le premier livre imprimé est un « Lucien » publié sans nom d'imprimeur; mais on trouve, en 1500, un second ouvrage portant le nom de Dominique Anselme, qui est probablement le premier imprimeur. Le nom le plus glorieux de la typographie avignonnaise est Jehan de Channey, dont les produits sont si recherchés.

BEAUJEU (Rhône), 1556.

L'établissement typographique de Beaujeu, qu'on peut appeler l'imprimerie particulière du doyen de Beaujeu, Guillaume Paradin, imprima par les soins de Justinian et l'h. Garils: le « Blason des Danses, où se voyent les malheurs et ruines venant des danses dont jamais homme ne revint plus sage ni femme plus pudique ».

BLOIS (Loir-et-Cher), 1554.

Le premier livre imprimé dans cette ville serait: les « Grandes et fantastiques Batailles des grands roys Rodilardus et Craocus,.. ». Les imprimeurs étaient Julien et Jean Angelier, les fils de Ch. Angelier, établi à Paris.

Parmi les imprimeurs blésois postérieurs aux Angeliers, il faut citer Jamet Mettayer.

BORDEAUX (Gironde), 1524.

Le premier volume imprimé avec date à Bordeaux est un ouvrage de médecine du Dr Gabriel de Taregua, imprimé par Gaspard Philippe, qui était imprimeur à Paris en 1499. Son successeur Guyach a imprimé depuis 1524. Le plus grand nom de la typographie bordelaise est celui des Millange, les premiers éditeurs des œuvres de Montaigne (1590 et 1582).

BOURGES (Cher), 1530.

D'après les indications de M. Boyer, bibliothécaire de Bourges, on ne reconnaît de fondation d'un établissement d'imprimerie dans cette ville qu'en 1530. Le premier imprimeur fut Jean Garnier, qui avait été appelé de Paris et qui imprima des almanachs et, en 1547, un « Missel ». L'homme dont Bourges a le droit de se glorifier est le graveur Geoffroy Tory.

CAEN (Calvados), 1480.

Jacques Durandas et Gilles Quijoue imprimèrent à cette date, en cette ville, la première édition « d'Horace » publiée en France. On n'en connaît que trois exemplaires. Ce livre est le premier livre imprimé en Normandie avec une date certaine.

CAHORS (Lot), 1585.

. Le premier imprimeur de cette ville s'appelle Jacques Rousseau, et le premier livre sorti de ses presses est un « Discours de M. Depeyrusse, juge et lieutenant général ».

CALAIS (Pas-de-Calais), 1582.

Le plus ancien livre imprimé dans cette ville est: « Entrée, estat ou répertoire des deniers et marchandises estrangères », etc., sorti des presses d'Abraham Le Maire.

CAMBRAI (Nord), 1518.

L'imprimerie fut exercée pour la première fois dans cette ville par Bonaventure Brassart, qui publia un livre de Jacques de Saige, « marchand de drap du soye ». Il exerçait encore en 1539 et publia « l'Entrée de Charles - Quint à Cambrai », dont il n'existe qu'un exemplaire connu.

CHABLIS (Yonne), 1478.

Un imprimeur nomade, du nom de Pierre Lerouge, imprime en cette ville le « Livre des bonnes mœurs », et en 1483 un « Bréviaire ». En 1487, cet imprimeur s'établit à Paris et on ne retrouve plus son nom à Chablis qu'en 1490.

CHALONS-SUR-MARNE (Marne), 1483

Le titre du premier ouvrage imprimé dans cette ville est: « Diurnale ad usum Ecclesiæ Cathalaunensis ». Le premier imprimeur porte le nom de Arnulphe Bocquillon.

CHAMBÉRY (Savoie), 1483.

Le premier livre portant une date, un titre et des signatures est de 1484; mais, l'année précédente, l'imprimeur Abraham Neyret, avait publié un ouvrage de Jehan Gerson, le « Liure de troys parties », sans titres, ni signatures.

CHARTRES (Eure-et-Loire), 1400.

Le premier livre imprimé dans cette ville est un « Breviarium ad usum Ecclesiæ Carnotensis », dont l'auteur est le chanoine P. Plume qui l'aurait fait exécuter dans sa maison par un imprimeur nomade ou à l'aide d'un matériel expédié de Paris ou de Rouen.

5

CHAUMONT (Haute-Marne), 1598.

Quentin Maréchal est le premier imprimeur de cette ville. Un ouvrage de pyrotechnie, rédigé par Joseph Boillot qui grava lui-même toutes les planches, est la première production des presses de Maréchal.

CLERMONT - FERRAND
(Auvergne), 1538.

Le premier livre, « Coutumes du hault et bas pays d'Auvergne », a été imprimé par Nicolas Petit. La première édition avait été publiée par Jehan Petit, à Paris, en 1511.

CLUNY (Saône-et-Loire). 1483.

Le « Missel » de Cluny, imprimé en 1483, porte une suscription qui indique le monastère lui-même comme lieu d'impression. L'imprimeur qui exécuta le travail est Michel Wensler, dont nous avons trouvé le nom à Bâle.

COLMAR (Haut-Rhin). 1523.

Le premier livre, « Herodiani historici grœci, libri VIII », etc., fut imprimé par Armand Farcaltius ou Farcallius, auquel succéda Grüninger, fils de Jean Grüninger, de Strasbourg.

COUTANCES (Manche), 1597.

Le premier imprimeur de cette ville est Jean le Cartel, qui imprimait à Avranches en 1591. « Benedictionale ecclesiæ et diœcesis Constantiensis » est le titre du premier ouvrage imprimé, en rouge et noir, musique notée.

CUBURIEN-SAINT-FRANÇOIS
(Finistère), 1570.

Une imprimerie fonctionna par permission du roi, dans le couvent de Cuburien à partir de cette année, et dut être supprimée à la mort de Christophe de Cheffontaine (1595). Le premier livre imprimé est : les « Quatre fins de l'homme », en vers bretons, par l'enfeunteunyou

« Pen, » chef, tête, et « Feunteunyou »
fontaine.

DOLE (Jura), 1490.

Les « Ordonnances du Roy Louys XI
pour la comté de Bourgougne » ont été
imprimées à Dôle, à cette date, par Pierre
Metlinger, que nous trouvons les années
suivantes à Dijon.

DIJON (Côte-d'Or), 1491.

Le premier livre imprimé en cette ville,
« Recueil des privilèges de l'ordre de Cîteaux », est daté de 1491. Cette compila-
tion fut faite par Jehan de Cirey, abbé
de l'ordre, et imprimée par Pierre Metlinger, Allemand, venu de Dôle.

DINAN (Côtes-du-Nord), 1593.

Emmanuel de Lorraine, duc de Mer-
cœur, fut le Mécène de l'imprimerie à
Dinan; elle fut établie d'abord chez les
Franciscains et les Cordeliers. A la date
ci-dessus, la typographie met au jour:
« Escript de l'evesque de Saint-Brieuc »,

etc., imprimé par Julien Aubinière. En 1628 débute une famille d'imprimeurs, Aubin, qui continue jusqu'en 1739.

DOUAI (Nord), 1561.

Jean Bogard ou Boscard, imprimeur à Louvain, est le premier imprimeur qui, appelé par les moines de l'abbaye de Notre-Dame-des-Prés, s'établit à Douai, où il imprima: « Huberti Rudolphi Cisterciensis ordinis presbyteri oratio », etc. Après la famille des Bogard vint la famille des Bellère, qui rayonne sur toute la Flandre.

EMBRUN (Hautes-Alpes), 1586.

Divers volumes ont été imprimés à cette date par Pierre Chaubert, mais le premier semble être, de l'avis des bibliographes: « Missive à la reine mère, sur le faict de l'edict du roy, faict en juillet dernier (1585), pour réunir tous ses sujets à la religion romaine ». L'année suivante, on trouve un imprimeur huguenot, Jean Gazaud.

ÉVREUX (Eure), 1600.

C'est avec le XVIIᵉ siècle que débute l'imprimerie à Evreux. Antoine Le Marié est l'introducteur de l'imprimerie. Le premier livre imprimé par lui est: « Discours de J.-B. du Perron sur le Pseaume 122 ».

LA FLÈCHE (Sarthe), 1575.

Le premier imprimeur fut René Trois Mailles, qui fit paraître à cette date: « Discours de l'origine des Gaulois, ensemble des Angevins et des Manceaux », par Jean Le Masle, Angevin.

FONTENAY-LE-COMTE,
(Vendée), 1550.

Anthoine d'Angecourt est mentionné comme exerçant la profession d'imprimeur à cette date. On trouve comme imprimeur, en 1599, son petit-fils qui imprima un « Catéchisme », par Etienne Thubin.

GRENOBLE (Isère), 1490.

Un typographe du nom d'Etienne Go-
ret, appelé peut-être de Lyon à Grenoble
par le Parlement dauphinois, imprime
à cette date un livre d'une excessive ra-
reté : « Decisiones guidonis Pape ».

HAGUENAU (Bas-Rhin), 1498.

L'imprimerie exista dans cette ville au
XVe siècle. Le premier livre imprimé est
un ouvrage de John Garlaud; l'imprimeur est Henry Gran qui imprima de
nombreuses éditions des œuvres du théologien hongrois.

HESDIN (Pas-de-Calais), 1512.

Une imprimerie était établie en cette
ville à cette date, et le premier livre sorti
des presses porte le titre de: « Aggréga-
toire de Coustumes, contenant ce qui
s'ensuit... » L'imprimeur était Bauldrain
Dacquin. Hesdin est la première ville
de l'Artois qui ait possédé une imprimerie.

LANGRES (Haute-Marne), 1582.

Le premier imprimeur langrais dont
le nom puisse être cité est Jehan des
Preyz, et le livre le plus ancien sur
lequel on rencontre son nom est un
« Compot et manuel kalendrier », composé par Jean Tabouret. C'est en 1590
que fut imprimé, par le même imprimeur, un ouvrage de Simon Girault, des-
cendant du grand saint Hubert. Le premier imprimeur de Turin, Jean Lefèvre,
était de Langres.

LANTENAC (Côtes-du-Nord), 1480.

Ce fut dans cette abbaye de Bénédictins du diocèse de Saint-Brieuc, fondée
en 1153, que vint s'établir Jehan Crès ou
Crez, le célèbre imprimeur qui publia et
imprima le « Doctrinal des nouvelles
mariées ».

LILLE (Nord), 1595.

C'est à cette date qu'une presse a tra-
vaillé pour la première fois à Lille, et
le premier imprimeur lillois se nomme

Antoine Tack. Il publia, à cette date, un « Traité des indulgences », en latin, par Jean Capet.

LIMOGES (Haute-Vienne), 1495.

Une des trente-cinq ou trente-six villes de France qui ont possédé une imprimerie au XVᵉ siècle. On trouve, à cette date, un « Breviarium » imprimé par Johannes Berton.

Une illustre famille d'imprimeurs, les Barbou, s'établit dans cette ville vers 1570.

LONGEVILLE (Meuse), 1501.

Un « Missale Tullense » a été imprimé dans cette ville à la date ci-dessus et peut être considéré comme la première production typographique de la Lorraine ducale; mais on ignore le nom de l'imprimeur.

LOUDÉAC (Côtes-du-Nord), 1484.

Deux associés, Jehan Crez et Robin Foucquet, vinrent à la fin de cette année

5.

1484 établir une imprimerie. Le premier ouvrage qui sortit des presses fut : « Le Trespassement Nostre Dame » ; puis vint, en 1485, « les Loys des Trespassez ».

LUSIGNAN (Vienne), 1574.

Ruines du célèbre et antique château des Lusignan, détruit en 1575 par le duc de Montpensier. Une petite imprimerie existait, à cette date, dans cette localité; on y imprima: « Epistola Joannis Montucii ».

LYON (Rhône). 1473.

Un bourgeois de cette ville, Barthélemy Buyer, appelle à Lyon un typographe, Guillaume Leroy, qui imprime jusqu'en 1488. Le premier ouvrage imprimé est un livre de doctrine religieuse. L'imprimerie lyonnaise compte de nombreuses illustrations aux XVe et XVIe siècles:Trechsel, Jehan du Pré, Fr. Juste, Galliot du Pré, Sébastien Gryphe et de Pymont, qui donna, pour la première fois, des gravures en taille-douce dans les livres.

MACON (Saône-et-Loire). 1493.

Michel Wenzler, l'imprimeur de Bâle, appelé en France par l'abbé de Cluny, imprima à Mâcon, à la date ci-dessus, un « Diurnale Matisconense ». On ne retrouve ensuite trace d'imprimerie, dans cette ville, qu'au XVIIe siècle.

LE MANS (Sarthe), 1541.

L'introduction de l'imprimerie en cette ville est due à Mathurin Le Roux qui imprima, à cette date, un « Abécédaire »; mais le premier imprimeur sérieux fut Denis Gaignot qui, en 1555, imprima le « Coustumier ».

MARSEILLE (Bouches-du-Rhône), 1595.

Pierre Mascaron est le nom du premier imprimeur qui exerça dans cette ville et qui imprima à cette date les « Poésies de la Bellaudière ». Quatre mois après la mise en vente de cet ouvrage, Mascaron était obligé de quitter Marseille pour échapper aux suites de la révolution royaliste.

MELUN. (Seine-et-Marne), 1593.

On trouve, à cette date, un certain nombre de pièces politiques du temps de la Ligue, pamphlets paraissant sans nom d'imprimeur. Toutefois, la Bibliothèque de l'Arsenal possède un recueil de « vieux Noëls » imprimé à Melun par Menissel, en 1590.

MONTAUBAN (Tarn-et-Garonne), 1521.

Une édition du poème de Jérôme Valla, de Padoue, « Passio Domini Nostri Jesu Christi », etc., fut imprimée à cette époque. La découverte de cet incunable est due au libraire Claudin, de Paris. Malheureusement le nom de l'imprimeur n'est pas connu.

MONTBÉLIARD (Doubs), 1588.

Cette ville fut, lors des guerres de la Réforme, un des plus vastes ateliers de la typographie protestante. Jacques Goyllet ou Foillet y imprime les « Actes du Colloque » qui eut lieu entre Théod. de

Bèze, le prince de Wurtemberg, le D^r
Jacques André, etc.

MONTÉLIMART (Drôme), 1586.

Le premier livre imprimé à Montéli-
mart est intitulé: « le Magnificat du
Pape et de Sainte Mère Eglise » (par
Charles Léopard, 1586. J. Joyeux). Les
données exactes manquent, cependant,
sur l'apparition de ce livre satirique.

MONTPELLIER (Hérault), 1597.

Un Lyonnais, Jean Gilet, vint à cette
date établir une imprimerie. Sa première
publication est: « Edicts et Ordonnances
du roy concernant l'authorité et la juri-
diction de la Cour des Aydes de France,
sous le nom de celle de Montpellier »,
par messire Jean Philippi.

NANCY (Meurthe-et-Moselle), 1572.

Le premier imprimeur officiellement
reconnu est Jean Janson ou Jenson, dont
le premier ouvrage est: « Le Parnasse
des poètes français modernes, contenant

leurs plus riches et graves sentences...
recueillies par feu Gilles Corrozet, Parisien ».

NANTES (Loire-Inférieure), 1493.

Le premier produit des presses nan-
taises est une édition des « Lunettes des
princes, de Jean Meschinot », imprimée
par Est. Larcher, Nantais.

NEVERS (Nièvre), 1590.

Le premier imprimeur de cette ville
serait Pierre Roussin, qui imprime à la
date ci-dessus: « Guidonis Conchylii Ro-
menœi Nevernensis poemata ».

NIMES (Gard), 1593.

L'importance de cette ville, comme
place politique des réformés pendant les
guerres de religion, permet de supposer
qu'une typographie a existé antérieurement à cette date; mais on ne trouve pas
de document précis. Le premier ouvrage
connu est: « Discours de la vie et de la

mort », en vers, par Jean Cazes, imprimé par Malignan.

NICOLAS-DU-PORT (Meurthe) 1501.

Cette ville, qui eut jadis une grande importance, fut le berceau de l'imprimerie dans la province de Lorraine. On trouve, à la date ci-dessus, les « Ordonnaces des or et monnoye nouvellement faictes », imprimées par Pierre Jacobi, prêtre.

NIORT (Deux-Sèvres), 1584

Un typographe, dont l'établissement principal était à Saumur, vint imprimer à cette date: « Memoires que le roy de Navarre eust desiré estre considerez par Messieurs de l'assemblée n'agueres conuoquée à Blois en l'année 1588 ».

ORTHEZ (Basses-Pyrénées), 1545.

On attribue à cette ville un ouvrage « Fors et Coustumes deu royaume de Navarre », mais on n'a pas pu en établir absolument l'origine. Ce n'est qu'en 1585

qu'on trouve un imprimeur, Loys Rabier,
imprimeur du Roy, qui imprime « les
Psalmes de David metuts in rima Ber-
nesa ».

ORLÉANS (Loiret), 1490.

Le premier livre imprimé dans cette
ville, par maistre Mathieu Vivian, est
la traduction française du « Manipulus
Curatorum, Guidonis de Monte Roche-
rii ».

PARIS (Seine), 1470.

Ulrich Gering, natif de Constance,
Michel Friburger, de Colmar, et Martin
Krantz, sont les introducteurs de l'imprimerie dans la capitale de la France.
Leur atelier fût installé dans les bâti-
ments de la Sorbonne, et le premier livre
qui sortit de leurs presses est un recueil
des épîtres de Gasparin de Bergame.

PAU (Basses-Pyrénées), 1552.

Nous pouvons reporter à cette date
l'introduction de l'imprimerie dans cette

ville. Un imprimeur du nom de Johan de Vingles, associé avec Henry Poyure, publie: « los Fors et Costumas de Béarns ».

PÉRIGUEUX (Dordogne), 1503.

On fait remonter l'imprimerie à cette date avec un prototypographe, Jean Caraut, qui imprime: « Constitutiones Synodales Caturcenses, editæ et renovatæ per Antonium de Lusetgio ». Mais des doutes s'élèvent sur l'authenticité des presses locales à cette époque.

PERPIGNAN (Pyrénées-Orientales) 1500

On fait remonter l'imprimerie à cette date avec un ouvrage imprimé par Jean de Rosembach, établi en 1493 à Barcelone. Un « Breviarium Elnense » est le premier ouvrage imprimé avec date certaine.

POITIERS (Vienne), 1479.

Le premier livre imprimé dans cette ville : « Breviarium historiale » est dépourvu de nom d'imprimeur, mais il a été imprimé dans la maison d'un chanoine de Saint-Hilaire. On attribue la paternité de l'imprimerie à Jehan de Marnef.

PONS (Charente-Inférieure), 1591.

« Les Fleurs du grand Guidon de maistre Guy de Cauliac, trad. par Jehan Canappe », etc., tel est le titre du premier livre imprimé par Thomas Portau, imprimeur à Niort et à Saumur.

PONT-A-MOUSSON (Moselle), 1580.

Le premier typographe qui exerça dans cette ville, Martin Marchand, fut appelé de Verdun, et imprima la bulle d'érection de l'Université de Pont-à-Mousson.

Sébastien Cramoisy, le célèbre imprimeur, publia, de 1622 à 1625, quelques ouvrages dans cette ville.

PROVINS (Seine-et-Marne), 1496.

Un imprimeur du nom de Guillaume Tavernier imprima à cette date: « S'ensuit la reigle des marchans nouuellement translatée de latin en françoys ». (Traité de Jean Le Liseur, d'après le « Summa Rudium », de Reutlingen).

REIMS (Marne), 1551.

On voit pour la première fois figurer sur un livre le nom de Nicolas Bacquenois (N. Bacnetius), qui fut le premier imprimeur. C'était un érudit qui publia: « Précautions et formes de prier Dieu », traduit du latin de Jean Fere, docteur en théologie, par Nicolas Bacquenois.

RENNES (Ille-et-Vilaine), 1484.

Pierre Bellesculée et Josses sont les introducteurs de l'imprimerie dans cette ville. Ils imprimèrent à cette date les « Coustumes de Bretagne », et en 1485. « le Floret en Franczoys », qui porte leur marque : une croix blanche supportant le globe du monde.

LA RÉOLE (Gironde), 1500.

Joannes Maurus, grammairien, traducteur et imprimeur, est l'introducteur de l'imprimerie dans cette ville. Il débuta par cet ouvrage: « Antiqua Decreta synodalia Vasatensis Diocœsis, etc ».

RIOM (Puy-de-Dôme), 1589.

Pierre Costerauste est le premier typographe qui ait exercé dans cette ville. Il imprima, à cette date: « Déclaration des Trois Etats du bas Pays d'Auvergne..., » par le comte de Raudan.

LA ROCHELLE
(Charente-Inférieure), 1558.

Un typographe du nom de Barthélemy Breton, donne une édition in-4° du « Grand Routier et pilotage de la mer », de Pierre Garcie, et en 1563, l'édition originale du traité de Bernard Palissy.

RODEZ (Aveyron), 1556.

« A la honor de Dieu et per lo salut de las armas », etc., est le titre du premier ouvrage imprimé par Jean Mottier. Ce livre curieux est un traité de Gerson, en patois.

ROUEN (Seine-Inférieure), 1487.

L'imprimerie fut introduite dans cette ville par une noble famille du nom de Lallemant qui choisit, pour former un atelier, des jeunes gens industrieux, Martin Morin et Pierre Maufer. Mais on trouve seulement, à cette date de 1487, les deux éditions des « Chroniques de Normandie, » exécutées par Natalis de Harsy et Guillaume Le Talleur.

SAINTES (Charente-Inférieure), 1598.

Le plus ancien livre qu'on puisse citer est: « De Santonum regione et illustribus familiis », etc. Il est imprimé par Audebert.

SALINS (Jura), 1485.

Un typographe, du nom de Jean Desprès, exécute à cette date: « Missale secundum usum Ecclesiæ Bisuntinæ. » Mais, d'après le P. Laire, cet ouvrage fut exécuté par cet imprimeur en association avec Benoît Bigot et Claude Baudrand.

SAINT-GERMAIN-DES-PRÉS
(PARIS), 1502.

Henry Estienne fut l'imprimeur du monastère. C'est à lui qu'on doit l'impression d'une rare et précieuse édition des épîtres de saint Paul, éditée par le grand théologien Lefebvre d'Estaples.

SAINT-YRIEIX (Haute-Vienne), 1520.

Au XVe siècle, les moines montèrent dans cette ville un établissement typographique d'où sortirent, à la date ci-dessus, un « Breviariun » et un « Missale Athenatense ».

SCHLESTADT (Bas-Rhin), 1518.

Le premier imprimeur fut Lazare Schurer, qui imprima, à cette date, un « Gravamina Germanicæ nationis cum remediis et avisamentis ad Cæsaream maiestatem ».

SEDAN (Ardennes), 1565.

La Bibliothèque nationale possède un placard: « Le Diewgard de Navyere »,

imprimé, à cette date, par Gosuin Gœ-
beri. En 1575, on trouve comme imprimeur dans cette ville Abel Rivery, frère
de l'imprimeur de Lausanne.

SENS (Yonne), 1552.

Le premier livre imprimé est la « Com-
plainte de Monsieur le Cul contre les in-
venteurs des Vertugales ». A Sens, par
François Girault, demeurant à l'ensei-
gne du « Bœuf couronné ».

Les imprimeurs sénonais qui méritent
une mention sont: Jean Savine, au XVIᵉ
siècle, et Prussurot et Niverd, au XVIIᵉ.

THOMIERS (Languedoc), 1516

« Problemata magistri Bartholomei de
Solliolis vivariensis medeci, » etc.; tel
est le titre de l'ouvrage qui fut imprimé
dans cette petite ville par Jehan de Gherlinc, que nous voyons à Braga en 1494,
à Barcelone en 1498. et à Toulouse en
1519.

TOULOUSE (Haute Garonne), 1479.

Bien que des ouvrages aient été imprimés à Toulouse antérieurement à cette date, sans doute par des ouvriers de Schœffer, d'après certains bibliographes, le premier imprimeur dont on trouve le nom est Johan Paix, de Alemania, qui donne, à la date ci-dessus, un traité de « Clericis Concubinariis ».

HOLLANDE

———

AMSTERDAM, 1523.

Le nom du premier typographe hollandais venu jusqu'à nous est Doen Pieterzoen, dont le premier ouvrage imprimé serait antérieur à la date ci-dessus fixée par les principaux historiens. C'est à la fin du XVIIe siècle que les Elzévirs possédèrent en cette ville un établissement aussi considérable que celui de Leyde.

ARNHEIM, 1565.

Un catalogue des foires de Francfort, de 1625, indique cette date de 1565 pour un ouvrage imprimé dans cette ville. Il s'écoule ensuite une période de quarante-cinq ans avant qu'on retrouve trace d'un établissement typographique important à Arnheim, où travailla Jan Jansson qui réimprima la plupart des ouvrages d'Albert Dürer.

BOIS-LE-DUC, 1484.

Gérard Leempt de Nimègue paraît avoir introduit l'imprimerie dans cette ville. Le premier ouvrage qui porte son nom est : « Proverbia seriosa theutonice et latine » (1487). Ce Gérard Leempt fut, avec Ketelaer, le premier imprimeur d'Utrecht.

CULENBOURG, 1483.

Jean Vildener, le célèbre imprimeur de Louvain et d'Utrecht, imprime dans cette petite ville plusieurs volumes à partir de la date ci-dessus. Le premier est : « De spieghel onser behoudenisse », dans lequel les planches xylographiques sont les mêmes que celles des premières éditions du « Speculum humanæ salvationis ».

DELFT, 1477.

C'est la première Bible en langue fla-
mande qui inaugura authentiquement le
premier établissement typographique de
Delft, en dépit des assertions de quelques
écrivains qui fixent à 1474 la date d'introduction de l'imprimerie en cette ville.
Les deux premiers imprimeurs sont Jacob Jacobssoen et Mauricius Yemautsoen
de Middelbourg.

DEVENTER, 1477.

L'introducteur de l'imprimerie dans
cette ville est un Allemand, de Cologne,
Richard Paffroet. « Petri Bertorii reduc-
torium morale figurorum Biblioum » est
le premier ouvrage portant son nom.
Quelques bibliographes font remonter l'é-
tablissement de l'imprimerie à 1472, mais
ces assertions sont sans fondement.

DORDRECHT, 1581.

Une édition hollandaise de la « Bible »
fut imprimée, à cette époque, à Dor-

drecht; mais on ne trouve de nom d'imprimeur qu'en 1595, Pierre Verhagen.

FRANECKER, 1586.

« Ruth historia gr. et lat. a Jo Drusio », tel est le titre du premier ouvrage imprimé par Ægidius Rhadæus. Charles Nodier parle de ce volume qui renferme un curieux traité sur les mandragores.

GOUDA, 1477.

Gheraert de Leeuw, l'ami d'Erasme, fut l'introducteur de l'imprimerie à Gouda. Il est peu de typographes dans la Belgique qui aient été aussi féconds. C'est en 1478, sur la « Légende dorée » de Jacques de Voragine, que son nom est imprimé pour la première fois. En 1484, Gérard de Leeuw transporta son imprimerie à Anvers.

HAARLEM, 1483.

Laurent Coster, sacristain ou marguillier de la ville, est le premier imprimeur hollandais connu. Son nom véritable est Lourens Janszoon. Des flots d'encre ont été répandus vainement pour attribuer la paternité de l'invention de l'imprimerie à Coster. Le premier livre imprimé à Haarlem, avec date certaine, est « Lyden ende die passi », avec les caractères de Jacob Bellaert (1483).

HASSELT, 1480.

L'imprimerie paraît remonter à cette date; le nom du premier imprimeur n'est désigné sur les premiers ouvrages, que par les initiales P. B. et ces initiales désignent Peter van Os, de Bréda, établi à Zwol en 1478. Un recueil d'épîtres et d'évangiles est la première production des presses de Peter van Os.

LA HAYE, 1593.

La plupart des bibliographes donnent cette date et le nom du premier typographe, Albert Heyndricsz, imprimeur des Etats de Hollande. Cependant une description hollandaise des sept églises de Rome parut vers 1500. Parmi les imprimeurs de cette ville, il faut citer, à la fin du XVIIe siècle, Adrian Moetjens, dont les impressions rivalisèrent avec celles des Elzévirs..

LEEUWARDEN, 1597.

Les bibliographes font remonter à cette date l'introduction de l'imprimerie par la publication d'un volume, « Chronijk van Vrieslant », qui ne porte pas de nom d'imprimeur. On trouve, en 1636, le nom d'un imprimeur, Cl. Fontaine.

LEYDE, 1483.

Le premier livre imprimé dans cette ville, célèbre pour l'imprimerie, est une réimpression de la Chronique de Joh. van Naaldwyck : « Die Cronike of die historie van Hollant », imprimée par Heynricus Heynrici.

Plantin, le grand imprimeur d'Anvers, donna à Leyde, en 1583, une édition de l'Histoire d'Adr. Barland.

Les Elzévirs ont exercé à Leyde de
1580 à 1712.

LUXEMBOURG, 1577.

Martinius Mercator imprime à cette
date : « Cornelii Calli die Chrysopolitani
in orationem Philippi de Marnis D. de S.
Aldegonda... Conventris habita mense
maio 1577 ».

MIDDELBURG, 1575.

Henri Wolff a imprimé à cette date,
les « Mémoires de l'estat de la France
sous Charles neufiesme ».

Un grand nombre de livres anglais ont
été imprimés dans cette ville au XVI⁰
siècle, par Schilders, et notamment un
ouvrage de Browne, le fondateur de la
secte des Puritains.

NIMÈGUE, 1479.

Deux volumes relatifs aux privilèges
et à la liturgie des Frères mendiants portent cette date, mais ne donnent pas de
nom d'imprimeur.

SCHIEDAM, 1498.

C'est aux Frères mineurs de l'observ.
de Saint-François que cette ville est re
devable de l'introduction de l'imprimerie.
Le premier ouvrage imprimé avec la date
ci-dessus est : « Johannis Brugman Vita
Lydivinæ Sciedamnitæ ».

SCHOONHOVEN, 1495.

Les chanoines réguliers de Saint-Au-
gustin imprimèrent dans cette ville, avec
les caractères de Heinrich von Rotter -
dam, un « Breviarium Traiectense ».

UTRECHT, 1473.

Les premiers imprimeurs qui exercè-
rent en cette ville furent Nicolas Ketelaer et Gerard de Lempt. Ils ont, sans
aucun doute, imprimé avant cette date ;
mais le premier livre signé par eux et
daté est un traité de saint Thomas :«De
Corpore Cristi ».

ITALIE

ANCONE, 1534.

Le premier ouvrage imprimé dans cette ville est intitulé: « Opera il perche utilissima ad intendere la cagione di molte Cose ». L'imprimeur est Bernadius Guerraldo Vercellese.

AQUILA, 1482.

L'imprimerie fut importée dans cette ville par Adam de Rotwil, qui venait de Venise et qui publia en 1482 (et non en 1472, comme l'indiquent les premières feuilles du tirage), la première partie des « Vies de Plutarque. »

ASTI, 1518.

Date des premiers livres imprimés dans cette ville, d'après Panzer et les princi-

paux bibliographes. L'imprimeur était
Franciscus de Silva. Dans le « Manuel du
libraire », Brunet parle d'un livre des
plus précieux, « Opera Jocunda », imprimé par lui en 1520.

BERGAME, 1587.

Certains bibliographes donnent la date
de 1477 comme introduction de l'imprimerie dans cette ville, mais leurs assertions sont erronées et ce n'est que vers
1587 que Comin Ventura imprima une
tragédie du Tasse, « Torrismodo », et
un Recueil de poésies.

BOLOGNE, 1471.

Le premier imprimeur est un Bolonais,
Balthazar Azzoguidi, et le premier livre
sorti de ses presses est l'édition princeps
d'un de nos grands classiques: « Publius
Ovidius Naso ». C'est à Bologne que
revient l'honneur de la naissance du célèbre graveur Francesco Raibolini, ou
« Francia,» qui grava entre autres les
romains et les italiques des Aldes.

BRESCIA, 1472.

On trouve à cette date un ouvrage, « Leonardi Arretini (sic) Espitolarum familiarum liber primus felici », qu'on considère comme le premier livre imprimé. On ignore si le premier imprimeur est Thomas Ferrando ou l'imprimeur anonyme qui publia le beau « Virgile » de 1473.

CAGLIARI, 1557.

La vita e la morte e passione de Sanctu Gavinu, Prothu e Januariu », tel est le titre du premier livre imprimé par Sembeninus Salodiensis.

CETTIGNE, (Monténégro), 1493.

Un typographe dalmate, du nom de Macarius ou Macario, transporta dans cette ville un matériel typographique et y imprima jusqu'en 1513. Le premier ouvrage imprimé par lui, en 1494, porte cette suscription : « Okoich iliti osmoglasnik ».

CIVIDALE DEL FRIULI, 1480.

Gérard le Flamand, qu'on appelle souvent Gerardus de Lysæ, fut le premier imprimeur de cette ville; les deux premiers ouvrages imprimés par lui sont : « Platyne de honesta voluptate » et la « Cronica de Sancto Isodoro Menore ».

COLLE, 1478.

L'imprimerie remonte, dans cette petite ville, à cette dernière date reculée; d'importantes carteries existant dans les faubourgs avaient, sans doute, déterminé des ouvriers allemands à s'y fixer. Le premier livre, « Dioscorides de materia medica, libri V », etc., fut imprimé par un maître, Johem Allemannus de Medemblick (localité de Hollande).

CORREGGIO, 1554.

L'imprimerie a été introduite dans cette ville, patrie d'Antonio Allegri, en 1554, comme l'établit un Traité de Rinaldus Corso, « Delle private rappacificazioni »; mais on ignore le nom de l'imprimeur de cet ouvrage, ainsi que des suivants publiés au début.

COSENZA, 1478.

Le premier livre imprimé dans cette ville est une sorte de Traité sur l'immortalité de l'âme, attribué à Fr. Philelphe d'abord, puis à Jacobus Campharus. Il est sorti des presses de Octavianus Salomonius de Manfridona.

CONI, 1507.

Le titre du premier livre imprimé dans cette ville est: « Albertani Causidici Brixiensis, ad institutionen Filiorum Suorum liber ac doctrina dicendi et tacendi». Le nom de l'imprimeur est: Mag. Viotum de Dulcis.

CREMONE, 1472.

Le premier livre imprimé dans cette ville, « Lectura Angeli de Pervsio super I P ff novi », offre cette particularité qu'il a été imprimé par deux typographes italiens, fait rare au XVe siècle, surtout en

Italie, où les premiers imprimeurs sont presque toujours étrangers. Ces typographes sont: Dyonisius de Paravesino et Stephanus de Merlinis de Leucho.

FAENZA, 1523.

Il existe à la bibliothèque Bodléienne un ouvrage très rare qui donne le nom du premier imprimeur qui exerça dans cette ville: « Antonii Cittadini Faventini auscultationes in parvam artem galeni...» Impressum Faventiæ per Jo Mariam de Simonettis Cremonensem.

FANO, 1502.

L'un des petits-fils du rabbi Israël Nathan de Spire, qui avait, en 1484, introduit l'usage des caractères hébraïques dans le bourg de Soncino, vint s'établir à Fano et imprima, en 1502: « Matthæi Bonfinii Opuscula grammaticalia ». C'est en 1503 que parurent en cette ville les caractères cursifs gravés par Francia, et en 1514 le premier livre imprimé en caractères arabes sur les presses de Gregorio de Gregoriis.

FERMO, 1577.

Malgré l'assertion de certains écrivains qui ne font remonter la date de l'imprimerie qu'en 1586, il a été imprimé, en 1577, une « Vie de saint Thomas d'Aquin », un ouvrage sur la peste et enfin « Joannis Baptistæ Evangelii apologia », imprimé par Alde Manuce, fils de Paul.

FERRARE, 1471.

L'imprimerie remonte au XVe siècle et c'est à un Français, André Beaufort, qui signe Andreas Gallicus, Andreas Belforti ou Andreas de Francia, que l'on en est redevable. Le premier livre imprimé est une édition des « Commentaires de servius Honoratus sur Virgile ».

FIVIZANO, 1472.

Deux éditions des œuvres de Virgile et de Juvénal furent imprimées par un ouvrier typographe, appelé de Venise sans doute, de l'atelier des frères de Spire ou des Jenson.

FLORENCE, 1471.

L'introducteur de la typographie à Florence est un orfèvre, Bernardo Cennini, qui travaillait, en 1451, sous la direction de Lorenzo Ghiberti. Il mit au jour, en 1471, un ouvrage qu'il ne termina qu'en 1472. « Servii expositio Virgilii ». Le second imprimeur fut Jean de Mayence.

FORLI, 1495.

Deux imprimeries rivales s'établissent la même année: l'une dirigée par un citoyen de la ville associé à un ouvrier bolonais, l'autre dirigée par un Parmesan, et toutes deux impriment à la même date, le même ouvrage de Nicola Ferrettus : « De elegantia linguæ latinæ etc ».

FOSSOMBRONE, 1512.

Un imprimeur de Venise, célèbre par l'innovation des caractères mobiles pour l'impression de la musique, Ottavino Petrucci, établit un atelier typographique d'où sortit un ouvrage de l'évêque de cette ville, Paulus de Middelburgo.

FULIGNO, 1460.

C'est en cette ville que le fidèle ouvrier de Gutenberg, Jean Numeister, qui l'avait suivi après la perte du procès contre Fust, imprima le « De Bello Italico adversus gothos », de Leonardus Aretinus. Le livre le plus célèbre sorti des presses de Fuligno est « l'édition princeps » de Dante, en 1472, imprimée par Numeister.

GENES, 1474.

Le premier livre imprimé avec date certaine ne remonte qu'à cette date, mais la typographie avait été introduite à Gênes auparavant. Le premier imprimeur connu est Mathias Morave d'Olmütz).

LODI, 1587.

« Fino, storia di Cremo, racolta dagli nnnali di Pietro Terni, libro decimo, » est la première édition de ce dixième livre, dont les sept premiers avaient été imprimés à Venise, en 1566. Pas de nom d'imprimeur connu.

LUCQUES, 1482.

Bien que certains bibliographes fassent remonter à une date antérieure l'introduction de l'imprimerie, on ne trouve trace certaine d'une typographie, à Lucques, qu'en 1482. « Opera devotissima del Rev. Padre fra Cherubino da Spoleto' della vita spirituale ». Impression par Michaelum Bagnonum.

MACERATA, 1574.

Nous trouvons à cette date : « Discorso della Goleta e del Porte di Tunisi», imprimé par Seb. Martellini.

MANTOUE, 1472.

Ce fut à l'intervention du patricien Adano de Michaelis qu'on doit l'introduction de l'imprimerie dans cette ville. Des ouvrages ont été, sans doute, imprimés antérieurement à cette date, mais on ne peut exactement se prononcer sur leur origine. Le premier ouvrage avec date certaine est : « Il Decamerone di messer Giovanni Bocaccio ».

MAZZARA, 1519,

« Opera nova de M°Andrea Corvo da Carpi..., » tel est le titre du premier volume sorti des presses de Nicolo et Dominico Fradeli.

MESSINE, 1473.

« La vita del glorioso sancto Hieronimo, doctore excellentissimo », est le premier ouvrage imprimé par Henrick Alding, ouvrier de l'atelier de Sweynheym et Pannartz, établi à Rome en 1471.

André de Bruges imprima à Messine à la fin du XVe siècle.

MILAN, 1465.

Le premier imprimeur de cette ville, fut un Allemand, Zarot, appelé par Filippo de Lavagna. Le premier livre imprimé est : « Pompeius Festus ; de verbo-

rum significatione liber ». On ne trouve
le nom de l'imprimeur que sur un « Virgile » imprimé vers la fin de 1465. Zarot
publia en 1474, le premier « Missel » qui
ait été imprimé.

LA MIRANDOLA, 1519.

Pic de la Mirandole, neveu du célèbre
savant fut l'introducteur de l'imprimerie dans sa ville natale. Il publia, à cette
date un traité de son oncle qui fut imprimé par Joannes Marzochius, qui n'exerça dans cette ville que jusqu'en 1520.

MODÈNE, 1475.

Un Allemand, Jean Wurster, de Kem-
pfen fut l'introducteur de l'imprimerie
en cette ville, et le premier livre qu'il y
imprima fut un « Virgile».

MONDOVI, 1472.

Seconde ville de Piémont où pénétra
l'imprimerie Mathias, d'Anvers, associé
avec un typographe français, Baltha-
sard Cordier, y imprime : « Tractatus

venerabilis patris fratris Anthonini archiepiscopi Florentini ordini predicatorum de institutione confessorum ».

NAPLES, 1470.

Un prêtre allemand, natif de Strasbourg, Sixtus Riessinger, vint, à cette date, offrir ses services au roi Ferdinand Ier et publie : « Bartolvs de Saxoferrato ictus ». Cet imprimeur fut remplacé, en 1472, par le fameux Arnaud, de Bruxelles.

NOVI, 1483.

Nicolas Ghirardango installe dans sa ville natale la première imprimerie, et le premier livre qui porte son nom est daté de 1484 : « Summe Baptistiana Casuum Conscientiæ ».

ORTONA, 1518.

L'introducteur de l'imprimerie dans cette ville est le célèbre Jérôme Soncino, qui imprime : « Homeri vatis naturalis-

7.

simi de Murum Felisque Bello comœ-
dia ».

ORVIETO, 1541.

Les bibliographes italiens citent un livre imprimé à cette date, sans nom d'imprimeur : « Orazioni XIX di Temistio, »
etc. C'est en 1582 seulement qu'on trouve
le nom de Tantinarsi comme imprimeur.

PADOUE, 1472.

Les premiers typographes de cette
ville furent Bartolommeo de Valdezoc-
chio et Martinus de Septem Arboribus
Prutenus. Le premier livre connu est :
« De Infantium Ægritudinibus et reme-
diis». C'est en 1473 que vint s'établir à
Padoue le typographe rouennais Pierre
Maufer.

PALERME, 1477.

« Joannis Nasonis Carleonensis Con-
suetudines felicis urbis Panormi ». Tel
est le titre du premier ouvrage imprimé
par André de Worms, venu sans doute

d'Allemagne avec les sept ou huit imprimeurs étrangers établis à Naples au XVᵉ siècle.

PARME, 1472.

Le premier livre connu de la typographie parmesane est un recueil d'opuscules, imprimé par Andrea Portilia. Le Lyonnais Estienne Coral vint s'établir à Parme en 1473.

PÉROUSE, 1475.

Le premier livre avec date est : « Barthol de Saliceto. Lectura super IX codicis ». On ne connaît pas le nom de l'imprimeur ; l'année suivante apparaît un imprimeur, natif d'Ulm, Heinrich Clayn.

PESARO, 1504.

Le célèbre imprimeur Jérôme de Soncino établit une imprimerie dans cette ville, en 1504, et publia, comme premier ouvrage, un recueil de traités de Pomponius Gauricus Neapolitani, sur la sculpture, la perspective, la chimie, la plastique, etc., etc.

PIGNEROL, 1479.

Un imprimeur français, Jacques Le Roux, imprime dans cette ville : « De Consolatione Boetii, philosophie, libri V »; puis une édition des « Satires de Juvénal », et en 1480, « Les Métamorphoses d'Ovide ».

PISE, 1482.

Un Pisan, Fr. Bartholomeus, de Sancto Concordio, fut l'introducteur de l'art d'imprimer ; et les premiers imprimeurs furent Ser. Lorenzo et Ser. Arguolo, qui imprimèrent « Franciscus de Accoltis de Aretio ».

PLAISANCE, 1470.

Un typographe italien, Johannes Petrus de Ferratio, fut l'introducteur de l'imprimerie dans cette ville, où il publia, à cette date, une bible latine. Un Allemand, du nom de Jacques de Tyela, y exerça en 1483.

RAVENNE, 1580.

Divers bibliographes font remonter à une date bien antérieure l'introduction de l'imprimerie, mais on ne possède aucun document sérieux que pour cet ouvrage : « Tomaso Tomasi, storia di Ravenna », imprimé par Tebaldini, en 1580.

REGGIO, 1480.

C'est à cette date que remonte l'introduction de l'imprimerie dans la patrie de l'immortel Arioste. Les frères Bottoni ou de Bruschis imprimèrent les « Rudimenta grammaticæ de Peroti Nicolai, » et publièrent, l'année suivante, en association avec des citoyens de Modène, les œuvres de Tibulle, Catulle et Properce.

ROME, 1467.

Ulrich Hahn (Ulrich le Coq, patronné par le cardinal Turrecremata (Torquemada), imprima, à cette date, les « Méditations, » de son protecteur. Il avait été distancé, par Sweynheym et Pannartz, qui, établis à Subiacum, im-

primèrent pourtant à Rome, quelques mois
auparavant, « Les lettres de Cicéron ».

SABIONETTA, 1553.

Dans cette ville fut établie l'une des
plus importantes imprimeries hébraïques
du XVIe siècle. Elle fut installée dans la
maison du juif Tobias Foa, qui fut assisté
du savant Jacobus Tedesco et de Jacob
ben Nephtali Cohen, comme imprimeur.
Le premier livre sorti des presses est un
traité d'Isaac Abarbanel.

SALO, 1517.

Une typographie exista dans cette petite localité au commencement du XVIe
siècle. « Fr. Lychetti de Brixia in Duns
scotum... Commentaria » fut imprimé par
Alex. Paganinus, le célèbre imprimeur de
Venise.

SALUCES, 1479.

Saluces est la patrie de Bodoni. L'imprimerie remonte dans cette ville à l'année 1479, et le premier livre imprimé : « Fa-

cinus. Tiberga. In Alexandrum interpre-
tatio ex Prisciano », sortit des presses de
Jean Lefebvre, de Langres, que le mar-
quis de Saluces avait fait venir de Turin.
J. Lefebvre ne resta qu'un an à Saluces et
fut remplacé par Martin de la Valle.

SCANDIANO, 1495.

L'introduteur de l'imprimerie fut Ma-
rio Bojardo, l'auteur immortel de «l'Or-
lando inmemorato », qui appela un imprimeur du nom de Peregrino Pasquali qui
publia : « Appiani Alexandrini Sophiste
historia ».

SESSA ou SEZZA, 1505.

La plupart des bibliographes pensent
que la grande famille des imprimeurs de
ce nom est originaire de cette ville.Le premier, dont les essais remontent à la date
que nous donnons, s'appelait Giov. Bapt.
da Sessa ; puis vint, ensuite, le célèbre
Melchior ou Marchio Sessa.

SIENNE, 1484.

L'imprimeur Henry ou Hemrick, de Cologne, fonde le premier établissement typographique et donne : « Lecturæ clarissimi doctoris Pauli de Castro in sextum Codicis suum hic testatur finem ».

SUBIACO, 1464.

C'est dans cette illustre abbaye que fut établi le premier atelier typographique de l'Italie, par Conrad Sweynheym et Arnold Pannartz. Le premier ouvrage qu'ils imprimèrent fut un « Donatus pro puerilis » ; le second est un « Lactance ». Ces imprimeurs quittèrent Subiaco en 1466 pour aller s'établir à Rome.

TREVISE, 1171.

C'est à cette date que le célèbre imprimeur Gerardus de Lisa, élève de Jenson, vint s'établir dans cette ville et y imprima un traité de saint Augustin. Il demeura dans cette ville jusqu'en 1476. C'est en 1178 que fut imprimé, par Manzolo, le plus ancien traité d'arithmétique connu.

TURIN, 1474.

L'imprimerie existe dans cette ville depuis cette date ; elle y fut introduite par
un Allemand nommé Hans ou Johannes
Glim ; mais le premier imprimeur turi-
nois fut Jean Lefebvre, de Langres, qui,
associé à Jouannin ou Janin, publia un
« Breviarium Romanum ».

RUSSIE

LITHUANIE, POLOGNE

BRZESCIU (Lithuanie), 1559.

Le palatin de Vilna, Nicolas Radziwill, mit à la tête de l'établissement typographique qu'il avait fondé à grands frais Bernard Woiewodka. Le livre par lequel il débuta est : «Simonis Zaici confessio» etc. Il imprima ensuite la « Bible » polonaise de 1563.

CRACOVIE (Pologne), 1474-91

La première date est celle que donnent plusieurs bibliographes ; mais les origines de la typographie en Pologne sont assez confuses et l'on est réduit à des suppositions. On trouve, en 1491, un «Livre d'heures » imprimé dans cette ville et qui serait à la fois le premier livre daté et le premier volume slave qui ait été imprimé. Ce livre, « Czasoslowiec », est imprimé par Sweybold Veyl.

KOZMIN (Pologne), 1561.

Les Frères confesseurs de Bohême eurent dans cette ville un établissement typographique, et là fut traduit, du bohémien en polonais, et imprimé le traité : « De cultu divino christianorum ».

LOSKO (Lithuanie), 1573.

Les Unitaires ou Sociniens transportèrent à Losko, à cette époque, l'imprimerie qu'ils avaient fondée à Zaslaw. Le premier livre imprimé par J. Karcanus porte pour titre : « Jacobi Palœologi liber de magistratu politico ».

LUBIN (Pologne), 1559.

Ce furent des Juifs qui établirent en cette ville la première typographie, d'où sortit, à cette date, un « Talmud cum Commentariis Raschi et Josephotti». On trouve, en 1562, le nom de l'imprimeur Kalonymus ben Mardechai Japhe.

MOSCOU, 1563.

Sous le règne du tzar Iwan Wassilovitsch, l'imprimerie fut introduite dans cette ville : les Anglais fournirent le papier ; le matériel vint de Hongrie.Le premier ouvrage imprimé est : « Acta Apostolorum, » qui donne des détails complets sur l'exécution de cet ouvrage.

OSTROG (Pologne), 1580.

C'est à Constantin, duc d'Ostrow, palatin de Kiov et de Wolhynie, que l'on doit la fondation d'une imprimerie spécialement destinée à l'impression de livres saints en esclavon. Le premier ouvrage imprimé est un « Nouveau Testament ». L'imprimeur est Jean, fils de Théodore. La « Bible, » d'après les Septante, fut imprimée en 1581.

PINCZOW, (Pologne), 1559.

L'introduction de l'imprimerie suivit de

près la fondation de l'académie, fondée
par Nic. Olesnitz. Elle fut organisée par
les Frères Bohêmes dissidents qui publièrent divers traités de Daniel Lanci-
cins.

RAKOW (Pologne), 1577.

L'imprimerie a été introduite dans
cette ville par Alexis Rodecki. Le premier
ouvrage porte ce titre : « Martini Czecno-
vicii Novum Testamentum e Grœco in
Polonicum translatum cum annotationi-
bus ».

SUISSE

BALE, 1462.

On attribue l'introduction de l'imprimerie à Bâle à Berthold Rot, natif de Ha-
nau, qui figura comme témoin dans le
procès de Gutenberg. Le premier ouvrage
portant son nom et une date est : « Re-
pertorium vocabulorum Equisitorum »,
etc. (1473). Parmi les plus grands imprimeurs bâlois figure Amerbach, qui eut
pour correcteur Jean Froben.

BERNE, 1525-30.

Un des agents de la propagande protestante, Mathias Bienenvater ou Apia-
rius, vint établir un atelier typographique dans cette ville, et on assure qu'il y
imprima à cette date une « Danse des

morts »; mais ce n'est qu'en 1530 qu'on trouve sur les ouvrages son nom et la date d'impression.

BEROMUNSTER, 1470.

Le fondateur de l'imprimerie de l'abbaye de ce nom fut Elie de Lauffen. Il n'a été probablement que le propulseur moral de cet atelier, dans lequel travaillait Pierre Krantz, témoin de Fust dans le procès de Gutenberg, et peut-être aussi, dit M. Didot, Ulrich Gering. Le premier livre imprimé en 1740 est le fameux « Mamotrectus » de Marchesini.

COLOGNY, 1565.

Un libraire de Genève, Perrin, établit à cette date, dans cette ville, une succursale et imprima de nombreux ouvrages. D'autres libraires et imprimeurs de la ville Calviniste firent de même, et on trouve, en 1593, le « Paradis ou Jardin de dévotes oraisons », imprimé par Jean Gymnicus.

EINSIEDELN, 1567.

L'imprimerie existait dans le monastère des Bénédictins de cette ville, à cette époque, et on trouve un volume, «S. Meinrardi vita», traduit en allemand et portant comme suscription :Einsiedeln,1567. Le nom du premier imprimeur connu est Ebersbach.

FRIBOURG, 1583.

Les premiers livres imprimés paraissent à cette date, mais il faut remonter à 1590 pour trouver un nom d'imprimeur, Gemperlin, auquel il faudrait peut-être attribuer l'impression des volumes de 1583.

GENÈVE, 1478.

Adam Steinschaber, natif de Schweinfurth, est l'introducteur de l'imprimerie dans la patrie de J.-J. Rousseau. Ses premiers livres sont :« Le livre des sains Anges et le Romant de Melusine », le plus rare et le plus précieux de tous les romans de chevalerie. C'est à Genève que se réfugièrent au XVIᵉ siècle les Estienne, les de Tournes, Jean Crespin d'Arras, etc.

LAUSANNE, 1498.

L'introducteur de la typographie à Lausanne fut très probablement le chanoine Henri Bolomier. Ce fut probablement à son instigation que fut appelé en cette ville Jean Belot de Rouen. qui imprima à la date ci-dessus un « Missale ».

LUCERNE, 1527.

Thomas Murner est l'introducteur de l'imprimerie dans cette ville. Le premier ouvrage qu'il publia est: « Die disputacion vor den XII orten einer löblichë eidu gnoschafft namlich Bern, Lutzen, etc ».

MORGES, 1568.

Le premier livre imprimé dans cette ville est une traduction latine de la Genèse ; on n'a pas le nom de l'imprimeur. En 1579, un imprimeur du nom de Jehan Lepreux imprime à Morges.

NEUFCHATEL, 1532.

Un imprimeur français, Pierre de Win-
gle, est reçu bourgeois de cette ville à la
date ci-dessus et y imprime : « La Ma-
uière et fassô quon tiêt en baillant le sct
baptesme en la saincte Côgregation de
Dieu ».

SAINT-GALL, 1580.

Un imprimeur de Constance, Léonard
Straub ou Staub, vint dans le monastère
de Saint-Benoît organiser une imprimerie, d'où sortit : « Davidis Wetteri San-
gallensis ecclesiæ ministri Testimonia »,
etc., etc. C'est dans ce monastère de
Saint-Gall que furent retrouvés sept
des plus importants plaidoyers de Cicéron.

YVERDON, 1593.

Une des plus anciennes éditions du célèbre lexique de Scapula :«Lexicon Grœco latinum », a été imprimée dans cette
ville à l'époque que nous indiquons ;
mais elle ne porte pas de nom d'impri-

meur. Le premier imprimeur connu est le Genevois Pyramus de Candolle, dont le nom figure sur des ouvrages imprimés en 1612.

TURQUIE

KOREGISM, 1597.

Les juifs établirent en cette ville une imprimerie au XVIe siècle. « Libellus Ruth cum commentario Samuelis de U-zedo » est le premier livre imprimé. L'auteur désigné est Samuel Oseida, mais le nom de l'imprimeur est resté inconnu.

CONSTANTINOPLE, 1488.

Le premier livre imprimé à Constantinople fut un « Lexique » hébraïque. En 1490 parut une « Histoire du peuple de Dieu ». Parmi les premiers imprimeurs de cette ville figure un juif d'Italie, Rabbi Gersom, fils de Moïse de Soncino, le pre-

mier imprimeur d'hébreu de l'Italie, qui
alla s'établir à Constantinople avec tout
son matériel.

TABLE DES MATIÈRES

www.ingramcontent.com/pod-product-compliance
Lightning Source LLC
Chambersburg PA
CBHW051715090426

42738CB00010B/1921